本书系山东省教育教学研究一般课题“指向史料实证素养提升的初中历史深度学习研究”（编号：2023JXY490）的部分研究成果。

史料在初中历史教学中的应用研究

孙义荣◎著

文化发展出版社
Cultural Development Press
·北京·

图书在版编目（CIP）数据

史料在初中历史教学中的应用研究 / 孙义荣著 . 北京 : 文化发展出版社 , 2024. 7. -- ISBN 978-7-5142-4391-8

Ⅰ . G633.512

中国国家版本馆 CIP 数据核字第 2024X2F501 号

史料在初中历史教学中的应用研究

孙义荣 著

出 版 人：宋 娜

责任编辑：袁兆英　　责任校对：岳智勇

责任印制：邓辉明　　封面设计：守正文化

出版发行：文化发展出版社（北京市翠微路 2 号 邮编：100036）

网 址：www.wenhuafazhan.com

经 销：全国新华书店

印 刷：天津和萱印刷有限公司

开 本：710mm × 1000mm 1/16

字 数：200 千字

印 张：10.75

版 次：2024 年 7 月第 1 版

印 次：2024 年 7 月第 1 次印刷

定 价：72.00 元

I S B N：978-7-5142-4391-8

◆ 如有印装质量问题，请电话联系：010-58484999

前 言

历史教学一直是中学教育的重要组成部分，通过教授历史知识，可以帮助学生了解历史的发展轨迹、了解人类社会的演变过程，培养学生的历史思维和分析能力。传统的历史教学往往以教科书为主要依据，学生在学习知识的过程中容易产生枯燥、乏味的感觉，较难引起学生对历史的兴趣和热情。为了提高历史教学的质量，越来越多的教育工作者开始尝试使用史料教学的方法来进行历史教学。史料教学是指通过史料来进行教学，让学生亲自接触史料，通过分析和解读史料来探究历史事件的真相和背后的原因。这种教学方法能够让学生更深刻地理解历史事件，培养其历史思维和分析能力，提升学生的学习兴趣和主动性。在这样的背景下，本书研究史料在初中历史教学中的应用，分析其对学生思维能力和历史认知的影响，提出提升史料教学质量的方法。在初中历史教学中应用史料教学，有利于增强学生的历史学习兴趣和提升历史素养。

本书共七章，主要以史料为基础，分析其在初中历史教学中的应用。第一章为史料与初中历史教学，共四节，分别是史料及史料教学、史料的分类与选取、史料应用的基础、史料应用的预期目标。第二章为史料实证素养分析，共三节，分别是史料实证素养的研究概况、史料实证素养的内涵解读、初中历史教学中史料实证素养的培养。第三章为史料实证素养与初中历史教学设计，共两节，分别是分类教学设计、分层教学设计。第四章为口述史料在初中历史教学中的应用，共四节，分别是口述史料的概述、口述史料在教学中的应用、口述史料的教学案例设计、口述史料的应用原则和策略。第五章为实物史料在初中历史教学中的应用，共三节，分别是实物史料的概述、实物史料的应用策略、实物史料历史课堂教学案例。第六章为乡土史料在初中历史教学中的应用，共三节，分别是乡土史料的概述、乡土史料在教学中的应用、乡土史料教学的实践反思。第七章为史料在初中历史教学中的实践创新，共两节，分别是富有教学价值的史料选择、引入时事新闻的教学内容。

在撰写本书的过程中，作者参考了大量的学术文献，得到了许多学者的帮助，在此表示感谢。本书内容系统全面，论述条理清晰、深入浅出，但由于作者水平有限，书中难免有疏漏之处，希望广大同行及时指正。

孙义荣

2024 年 1 月

目录

第一章　史料与初中历史教学

本章为史料与初中历史教学，共四节，分别是史料及史料教学；史料的分类与选取；史料应用的基础；史料应用的预期目标。历史学科区别于其他学科的主要特色是其时间性，史料是历史学科教学与深入研究的基础。

第一节　史料及史料教学

在法国历史学家布洛赫（Bloch）看来，“历史为人在时间中的科学”[①]，也就是说，历史，即人类社会曾发生的事实或对其事实的阐述与记载。事实既成过去，便无法重现，因此其性质具有不可直接观察的特性，历史学界需要借助史料这个认知历史的中介来获得历史知识。史料记录了人类社会在千百年来的发展当中所产生的种种痕迹，是储存信息的宝库、传递文明的功臣。认识历史要以史料为基础，解决历史问题也以它为最关键的研究根据，无论是要研究历史还是要认识历史，史料都是不可缺少的重要元素。从教学的角度来看，史料应作为学生感受历史的知识来源。借助史料教学能够使学生具备更强的分析能力、逻辑推埋能力，培养他们的求真意识。不过，从史料本体的意义上看，它还会在学生认识世界过程中以证据的身份发挥独特作用。

一、史料的概念阐释

史料涵盖面广泛，涉及治史过程中所需的研究性文献及除常识以外的各种资料。对于史料的性质、种类、考据证订及运用史料对历史进行深入研究的学问，被学术界称为史料学；而对历史著述中的史料来源及其用法的讨论，则属于史源学的工作。这两门学问在中国传统历史学研究中颇受重视，也是旧时历史学家的入门课程。

那些诞生于人类劳动当中，在社会生活发展过程中发挥着作用的存在，包括

① 张志胜，陈家华，陈娇．史海蠡测[M]．哈尔滨：黑龙江人民出版社，2018．

以往人类留存在社会与心理上的遗物，都是史料。梁启超曾说过："史料者何？过去人类思想行事所留之痕迹，有证据传留至今日者也。"① 在人类社会的漫长发展历程中，我们的祖先在历史长河中留下了无数文明痕迹，这些痕迹，便是我们所说的史料。它们是历史的见证者，记录着人类社会的成长与变迁，为学史者提供了深入了解历史进程的窗口。

英美历史学家常用 sources 来指史料，即过去留下的人工制品。有时 sources 一词兼指研究中使用的所有史料，包括史料和研究性论著，前者是 primary sources（第一手史料），后者为 secondary sources（非第一手史料，第二手史料）或 secondary literature（第二手文献）。他们还用"documents"指原始史料，而 documentation 一词则指论证时使用的原始史料的总和，有时也指运用原始史料进行论证的方式。另外，英文论著中常见的"evidence（证据）或 historical evidence（历史证据）等词，意为论证时用作根据的史料。根据欧美历史学家的研究传统，探讨某一议题时，需要先确立论点，随后通过相关史料对论点进行论证。在此过程中，所使用的历史资料被称作证据。同样，在中国历史研究领域，证据亦占据重要地位，考据学尤为注重证据的搜集与运用。著名学者王国维提出了著名的二重证据法，进一步强调了证据在学术研究中的重要性。但证据只是针对某一论点的研究中用到的史料，而不是一个课题所涉及的全部史料。

从古及今，中外历史学家对史料的认识和定义一直都在发生变化。在欧洲古代，历史学家通常依赖于史诗、档案和其他文字史料来研究历史，但这些史料中掺杂了大量的传说和传闻。然而，随着现代早期的考古学、铭文学、谱牒学和古文书学的不断发展，历史学家鉴别和利用史料的能力得到了显著提升。德国 19 世纪最具影响力的历史学家之一利奥波德 · 冯 · 兰克（Leopold von Ranke）因其对档案文献和史料的精细研究而广受赞誉，兰克明确指出，他的研究工作主要依赖于回忆录、日记、信函、外交报告以及见证者的直接叙述等一手史料。在兰克及其弟子的眼中，最具价值的史料莫过于公私档案、碑刻铭文、书信、日记和回忆录等，这些均为"亲临其境者的记述"，这些史料对于还原历史与解读历史具有不可替代的重要作用。这些也是 20 世纪中期以前欧美历史学家所利用的基本史料。随着历史学的发展，历史学家对史料的认识和利用方式也发生了很大的变化，特别是对计量方法的运用和"新文化史"的兴起，扩大了史料的范围，丰富了利用史料的方式。除了传统史料，纳税记录、生死记录、选举登记、民间歌谣、

① 梁启超．中国历史研究法[M]．长沙：岳麓书社，2010．

文艺作品、投票资料和日用器具等各方面的材料都被纳入了史料的范畴。波兰历史学家托波尔斯基（Topolski）总结性地写道："史料的概念包括历史认识的一切来源，也就是说关于人类过去的一切信息。"[①] 这种史料观的形成，是欧美历史学研究长期演变和发展的结果。

中国古代史官负责记录帝王言行和国家大事，无论官方修史还是私家著述都会综合利用各种文字史料和口述史料。例如，《史记》取材来源主要包括以下几点：先秦古籍、官方文献和档案、实地考察和调查、司马迁的个人见闻和经历以及后代历史学家补充的史料。清代历史学家精于经籍考证，重视利用前代文献，他们对所谓六经三史（多指《易》《书》《诗》《礼》《乐》《春秋》六经，《史记》《汉书》《后汉书》三经）大多了如指掌。中国古代历史学家将史料分成文字史料（公私文件和书籍）、金石史料（各种实物）和口碑史料三类。不过，受古代史家青睐的一般是文字史料，年代越早的文献就越受重视。这种史料观存在明显的局限性，受到了胡适、傅斯年等学者的批评。

到 20 世纪前期，在欧美学术界的影响下和国内考古学的推动下，中国史学史料的概念发生了巨大的变化。史料的范围明显扩大，除传统文献之外，地下出土的实物、铭文碑刻、小说诗文、宗教典藏、少数民族文献和境外文献均被当作史料。梁启超将获取史料的途径分为文字记录以外者和文字记录者两种，前者包括现存之实迹传述之口碑和遗下之古物，后者则指旧史关系史迹之文件史部以外之群籍类书及古逸书辑本古逸书及古文件之再现"等。由此可见，他的史料观与古代历史学家已有显著的不同，反映了当时历史学研究的新动向。傅斯年对史料的认识较梁启超有更大的发展。他主张从地质学到新闻纸，从地方志书到私人日记，从考古发掘到洋行的贸易册，这些都应被划入史料的范围。[②] 同时，他也没有忽视新史料与旧史料的密切联系和相互作用。顾颉刚对史料的认识与傅斯年大致相同，1927 年，他为中山大学拟定图书购求计划，准备收集 16 类图书资料，除传统的经史子集丛书外，还包括档案、地方志、家族志、社会事件记载、个人生活记载、账簿、汉族以外各民族的文籍、基督教出版的书籍及译本书、宗教及迷信书、民众文学书、旧艺术书、教育书、古存简籍、著述稿本、实物的图像。顾颉刚收购这些资料并不是完全为了研究历史学，但它们无疑都具有史料价值。陈垣在致台静农的信中也谈到了他对史料的看法："史料愈近愈繁。凡道光以来一

① 尤天然．托波尔斯基的非资料源知识理论述评 [J]. 世界历史，1991(2)：108–114.

② 李剑鸣．历史学家的修养和技艺 [M]. 上海：上海三联书店，2007.

切档案、碑传、文集、笔记、报章、杂志，皆为史料。”[①] 另据杨国桢所述，傅衣凌研究中国经济史，“特别注意发掘传统历史学所弃置不顾的史料，以民间文献（诸如契约文书、谱牒、志书、文集、账籍、碑刻等）证史；强调借助历史学之外的人文科学和社会科学知识，进行比较研究，以社会调查所得资料（诸如反映前代遗制的乡例、民俗、地名等）证史”。[②] 这种研究路径，为历史学界开辟了新的史料来源。在不断扩展史料概念的同时，历史学界出现了某种只重视史料而不读常见书的风气，极端者如邓之诚，他自称只用二十四史来做研究。

20 世纪 80 年代，荣孟源就史料的内涵提出了系统的看法，这反映了中国历史学家在史料方面长期探索的成绩。他严谨地将史料划分为四大类别。第一，书报，指广泛涵盖历史记录、历史著作、文献汇编以及史部以外的群籍，为深入研究提供了丰富的文献资料。第二，文件，详尽地包括了政府文件、团体文件以及私人文件，为历史事件的还原提供了确凿的证据。第三，实物，这一概念包括了生产工具、生活资料、武器、刑具、货币、度量衡器、印信、建筑、墓葬、古迹等，以及能够印证历史事件的遗迹、模型、雕塑、照片、绘画等，甚至语言、文字、碑刻、砖瓦和纪念物都可以成为历史的见证。第四，口碑，这种史料形式主要通过回忆录、调查记录、群众传说和文艺作品等形式记载历史。在这种严谨的史料观下，史料的内涵相当全面，几乎囊括了他所处时代可知的全部历史资料。现代又发展出了新的史料类型，那就是正在急剧增加的数字化史料等。

史料概念的拓展跟时代思潮等有着紧密联系，一般情况下，人们著史时会很自然地侧重于关注朝廷记录和精英文献，但是，当历史学家的眼光同时兼顾社会上层和下层的时候，民间资料的价值就显现出来了。顾颉刚认为，谚语的价值胜过圣贤经训，民间歌谣比名家诗词更重要，野史笔记的意义不低于正史官书，因为在他看来，研究一个时代，最重要的是了解这个时代的社会心理，而了解社会心理，就必须利用民间资料。[③] 在 20 世纪中期以后的美国，多元文化主义风行一时，少数族裔的历史备受关注，与少数族裔相关的资料成为重要的史料，特别是印第安人的传说，黑人的灵歌、玩具、宗教和舞蹈，显示出了很高的史料价值。另外，领域的扩大和方法的多样化，必然引起史料范围的拓展。例如，随着妇女史的兴起，以往湮没无闻的、关于妇女生活的各种资料也逐渐被划入史料的范畴。历史学家广泛采用各方面史料的研究方法，使契约文书、家庭账册、墓志碑刻和

① 李思纯．元史学 [M]．成都：四川巴蜀书社有限公司，2021．

② 傅衣凌．傅衣凌治史五十年文编 [M]．厦门：厦门大学出版社，1989．

③ 顾潮．顾颉刚年谱 [M]．北京：中国社会科学出版社，1993．

家谱族谱成为了重要的史料；而计量方法的出现，则将原来无法被史学研究利用的大量数据变成了史料。反过来，史料的发现又可能推动历史学研究领域的拓展和创造新的历史课题、历史学科，甚至连带引起史学研究方法和史观的变化。例如，甲骨文资料和敦煌遗书的发现，促成了甲骨学和敦煌学等新学科的诞生。可见，史料概念的变化，反映了历史学的演变历程。

二、论述史料教学的文献

史料教学主张学习的重心是获取知识，而不是探究过去所发生的事情。史料教学可以让学生在探究史料的活动的过程中讨论历史，学会研究历史的方法，形成正确的价值观。这种教学方式符合新一轮基础教育课程改革（简称新课改）的要求，符合历史学科的特点，因此在初中教学实践中被广泛应用。

20 世纪 70 年代，英国历史教学界出现了一股“新历史”的思潮，在此思潮的影响之下，英国历史教师开始尝试使用史料教学的方法。英国的学校委员会曾在 1966 年做了一个调查，以了解和研究学生对每个科目的期望与认知态度。参与调查的 9677 多名学生中，大多数表示历史学科既无趣也无用，是不值得认真学习的科目。这个调查结果让众多英国教育工作者对过去的历史学科教学方法进行了沉重的反思，他们认为学生之所以会有这个态度，必然是因为过去的历史学科教学方法出了问题。因为历史学科一方面需要在有限的课堂时间内向学生传授内容繁多的历史事实，另一方面遵循着传统的教育观念，学生在课堂上被动学习知识，所以历史课堂中经常出现的教学方式就是板书、讲述、抄笔记和念课文。学生只能被动了解各种各样的历史事实，问答环节不会脱离书本，历史教师也很少补充与教学内容相关的史料，最终学习成果的评价也以测试学生的历史事实记忆量为主。这样的传统教育方式很难让历史课堂迸发出活力。在这样的现实背景以及布鲁纳（Bruner）和皮亚杰（Piaget）等优秀教育家提出的教育思想影响下，新历史这一思潮在英国历史教育界兴起，历史教师开始更注重教会学生获取知识的方式，而非单纯将复杂的历史事实塞给学生。随着“新历史”思潮的不断发展，人们意识到，将史料作为证据来探究历史问题是获取历史知识的重要途径。随着“新历史”思潮对英国历史教学的影响越来越大，史料教学在英国得以普及。

20 世纪 90 年代，叶小兵所作《中学历史教学中史料教学的探讨》是我国展开对史料教学的研究的标志。史料教学研究发展至今，国内已经有了许多关于史料教学的研究著作。比如，张玉德的《中学历史史料教学研究与实践》；许强、陈宁、信涛的《基于历史核心素养培养的史料教学研究》等，都对史料教学进行了深入研究。

（一）论述国外史料教学经验的文献

叶小兵在1998年发表的《论史料教学》中，详尽地翻译了英国著名教育家蒂姆·洛马斯（Tim Lomas）的《历史理解的教学与评价》中的《证据》一章。这一章主要探讨了证据收集的策略，以及在使用证据与材料进行教学时所需关注的核心问题。叶小兵通过其独特的视角和深入的解读，将洛马斯的观点引入了中国的教学环境，为中国的历史教师提供了一种全新的教学方法和思考方式。同时，李稚勇在其《论英国中学历史课的史料教学》一文中，为中国的历史教师揭示了英国历史教育界的教育方式方法。他强调，史料教学并不仅仅是传授历史知识，更重要的是培养学生的价值观念。此外，陈新民在《英国历史教学中史料教学的经验及启示》与《英国历史教学中的史料教学》中，对英国史料教学的方式、特点与作用进行了详细的分析。他特别指出，历史教学要注重培养学生的历史证据意识，让学生掌握一定的探究历史的方式，借助史料让学生养成批判性的思维能力。陈新民的这些观点，为我国初中历史教学工作提供了宝贵的启示，使历史教师更加深入地认识到了史料教学的重要性。赵晓璇在《论美国中学史料教学的策略及特点》一文中分析了美国史料教学的特点，并结合我国史料教学的现状，立足国情，为我国的史料教学的未来发展规划出了理论与实际结合的“路线图”。

（二）论述史料教学功能、价值和意义的文献

李稚勇在其《论史料教学的价值——兼论中学历史教学发展趋势》一文中，深入探讨了史料教学对于传统学习方式的变革意义。他明确指出，通过史料教学，学生不仅能够提高自己的历史思维能力，更能养成良好的创新意识，掌握科学的历史研究方法，从而形成正确的价值观念。这一观点对于当前中学历史教学的改革具有重要的指导意义。在详细论述史料教学的价值时，李稚勇强调了史料教学在培养学生历史思维能力方面的作用。他指出，通过接触和分析丰富的历史资料，学生能够更加深入地理解历史事件的发展脉络和其内在逻辑，从而形成更加全面、客观的历史认识。同时，史料教学还有利于培养学生的创新意识，鼓励他们在学习过程中勇于提出新的观点和见解，这对于培养学生的批判性思维和创新能力具有重要意义。陈春云在《谈史料的教学意义》中指出史料的教学意义具有深远的

影响，史料的教学能够引起学生的好奇心和探索欲，增强他们的学习热情，使他们更加主动地投入历史学习中，还可以极大地丰富教学内容，让学生不仅学习到历史的事实和知识点，还能了解历史背后的社会环境，从而对历史有所思考。史料教学可以提升学生的考试成绩，通过大量接触和解析史料，学生对历史知识的理解和掌握将更加深入，从而能够在考试中有出色的表现。王杰康等学者在《史料教学中情感态度价值观培育功能的开发》中，则从另一个角度对史料教学进行了深入剖析。他认为，史料教学在培养学生的情感态度价值观方面具有显著的功能。历史教学的目的不仅在于传授知识，更在于培养学生的情感态度和价值观。在现代历史教学中，应重视学生的情感体验，通过史料教学，让学生深入体验历史情境，理解历史人物的情感和态度，从而培养他们的情感态度价值观。同时，他强调在史料教学中应重视建构主义理论的运用，让学生通过建构自己的历史知识体系，培养他们的自主学习和创新能力。另外，王杰康还指出了史料教学中应注意的几个重要环节，其中移情与反省是史料教学中不可忽视的环节。通过移情，学生能够更好地理解和体验历史人物的情感和态度；通过反省，学生能够深入思考历史事件背后的原因和影响，从而提升自己的历史素养和养成批判性思维。苏静通过《史料教学对培养学生史学能力的价值与实践》一文指出，在课改背景下，必须学会积累丰富的历史学资源，从而建设出能够满足历史教学需求、符合历史课程标准的历史学资源库，通过史料教学让学生在数学实践当中不断提高自己的历史学能力。朱文琪在其所著《史料教学的实践与价值——以开辟新航路为例》中指出，史料教学不仅能够增强学生对历史学习的热情，还能培养他们的自主学习和深度学习能力。此外，通过历史思维训练，学生的材料解析能力也将得到增强。邵静在《初中历史课堂史料教学的价值》里提到，将史料和初中历史课堂结合起来，无论是对于提高学生历史学习兴趣，帮助学生认知历史事实，还是对于培养学生的能力而言，都有重大意义。历史课堂必须善于借助史料，发挥史料的价值。

（三）论述史料教学的教法与学法的文献

龚爱琴在《在史料教学中培养学生的思维能力》一文中提到，历史教师在利用史料进行教学时，要将培养学生能力与培养学生兴趣相结合，使史料自然地融入课堂教学过程中。她强调，历史教师应通过史料来解决重点和难点问题，实现“史论结合，论从史出”的教学目标。查正和在《历史学科能力的培养——史料的搜集、整理、运用》中明确指出，初中阶段的学生应当掌握收集、整理以及应用主题史料的基本方法。他们应当能够深入分析史料，准确划分其类型，并不断提升自身的分析能力。除此之外，还有许多学者以具体的例子来研究史料教学，如张汉林、张斌平的《由9种课例看什么是有效的历史教学：史料信息的提取与运用——史料中的全民族抗战》、邵日高的《关于初中历史教学中史料运用的探究》、朱寿清的《基于培养学生家国情怀的历史教学中地方史料的补充——以云南抗战史料为例》等。

（四）论述史料在教学中的运用的文献

叶小兵在《历史教科书中对史料的运用》里从四点出发对初中历史教育的发展和改革进行阐述，这四点分别为教科书里的史料运用方式、多样化的历史教材、史料于教学里的运用、教科书里的史料在教学里的运用。刘永刚的《史料教学让学生爱上历史课堂》讨论了如何充分利用史料进行历史教学，让学生从此爱上历史课堂。陈甜在其《初中史料教学与微课融合的路径及成效——以实证型微课"第二次工业革命的影响"为例》中明确指出，为了有效培养学生的历史思维，必须将史料教学与微课进行有机融合，构建实证型微课教学模式，有一分材料说一分话，从多元角度充分发挥史料的育人功能，有效提高学生的史料阅读能力，培养学生的批判性思维、推动分层教学的发展。

三、史料的甄别步骤和运用原则

（一）史料的甄别步骤

一是甄别史料的真实性。第一，是甄别史料的来源出处；第二，甄别史料的作者与环境；第三，关注史料的行文风格；第四，辨析史料内容。

二是甄别史料的类型。史料类型多种多样，包括文字史料、实物史料、口述史料等。不同类型的史料在记录历史时具有不同的特点和局限性。例如，文字史料可以提供详细的历史事件描述，但可能受到作者主观性的影响；实物史料如文物、建筑等可以提供直观的历史证据，但也可能因为保存条件等因素变形或损坏。因此，历史教师需要根据不同类型史料的特点对这些史料进行甄别。

三是甄别史料的客观性。史料的客观性是指史料记录历史事件的准确性和可信度。在判断史料的客观性时，历史教师可以从以下三点入手：第一，考察史料作者的社会身份及其所处历史语境。作者的身份和背景往往会影响其记录历史的视角和态度，因此历史教师需要对作者的背景进行了解和分析。第二，探究作者获取史料信息的途径。不同的获取途径可能产生不同的信息偏差，历史教师需要识别和纠正这些偏差。第三，分析作者与史料内容的利益相关性。如果作者与史料内容存在利益关系，那么其记录的历史可能存在一定的主观性和倾向性，历史教师需要对这种倾向性进行批判和反思。

四是甄别史料的价值性。史料的价值性是指史料对于历史研究的贡献和意义。在评估史料的价值性时，历史教师可以从以下三点进行考虑：第一，判断史料是否能够真实客观地反映历史。真实的历史记录是学史者了解过去的基础，因此历史教师需要确保史料的真实性。第二，考察史料是否能够提供丰富的历史信息。丰富的历史信息可以帮助历史教师更全面地了解历史事件和背景，因此，历史教师需要在实际史料教学中选择那些能够提供丰富历史信息的史料。第三，分析史料在相关史料中是否具有针对性与独特性。具有针对性和独特性的史料可以为历史教师提供更新颖的历史教学思路，因此历史教师需要重视这些史料的价值。

（二）史料的运用原则

一是史料区分要明晰，教师在教育教学过程中，其首要任务在于要引导学生明确认识并区分各类史料的特性及其所蕴含的价值。此举旨在使学生充分利用各类史料的独特优势，对相关历史问题进行深入剖析，从而培养学生的历史思维与批判性思考能力。二是史料鉴别要求真，教师有责任引导学生对搜集的史料进行周密的鉴别，旨在培养学生正确的历史认知能力和批判性思维。通过这一过程，学生应学会辨识史料的真伪、剔除错误信息、提炼核心要点，从而深刻理解实证精神的重要性。鉴别过程中主要采用的方法是辨伪与考证，常见的方法包括辨识伪书法、二重证据法、“层累式”考证法。三是史料引用要客观，教师应引导学生以公正的态度对待所有相关史料，不得仅凭偏见或主观臆断，片面采用部分史料而排斥其他史料，亦不得为达成特定目的而刻意选择性地利用史料。也有教师基于学生史料运用的现状进行调查与分析，提出运用史料的一般方法：第一，优先使用一手史料；第二，选择不同来源的史料以接近历史真相；第三，设置有层次的问题链，建构史料间的逻辑关联；第四，培养学生的质疑精神，鼓励学生勇于打破常规。

四、开展史料教学的意义

历史教学的改革让史料教学在初中历史教学中的地位越来越重要，且无法被替代，未来，史料教学将在初中历史教学中发挥越来越重要的作用，有助于帮助学生提高其历史学习能力。

（一）有助于学生掌握历史认识方法

历史学科是以人类历史为研究对象的学科，历史教师应该放手让学生自己借助史料来认识历史，要让学生意识到历史结论并不是历史学家臆想得来的，而是历史学家借助史料通过多次论证得出的，这在历史教学当中十分重要，有利于使学生学会“论从史出”的历史认识方式。而且历史教师应选择各种形式的史料来进行史料教学，让学生掌握运用、分析和鉴别史料的各种方式，从而掌握历史认识方法，对历史形成更加深刻的认识。培养学生的历史认识能力离不开史料的帮助，史料是学生形成历史认识的源头，解读史料则是学生形成历史认识的途径，史料教学可以帮助学生更好地认识历史。

（二）有助于培养学生的历史思维能力

历史思维指以历史材料为基石，通过概括、批判、比较、解释等思维活动来揭示历史内在规律和本质的思考方式。它能帮助学史者从纷繁复杂的历史事件中剥离出历史真相，看到历史发展的深层逻辑。这种思维方式不仅可以帮助学史者更好地理解历史，更能让学史者从历史中汲取智慧，为他们在现实生活中做出正确决策提供理论支持。在历史教学中，史料教学至关重要，它鼓励学生以唯物史观的立场和方法来审视历史，通过对史料的深入分析和挖掘，使学生能够从多角度、多层面理解历史。在这个过程中，历史教师不仅要传授知识，更要注重培养学生的历史思维能力，引导他们用历史的眼光看待现实，将所学的历史知识真正运用到解决现实问题上。历史思维能力的培养是一个循序渐进的过程。它涉及对辩证思维、形象思维、创造性思维的培养。在史料教学中，教师可以通过引入多种类型的史料来培养学生的历史思维能力。例如，音像影视史料和图片史料可以让学生直观地感受到真实的历史场景，从而培养他们的形象思维能力；而史料中的地点和时间信息则有助于培养学生的时空思维能力，让他们能够在脑海中构建出清晰的历史时空框架。此外，历史思维能力的培养还需要学生具备一定的史料知识和技能。这包括收集、整理、分析史料的能力，以及运用史料进行论证的能力。通过练习和实践，学生可以逐渐掌握这些技能，从而进一步提高他们的历史思维能力。

（三）有助于引起学生的学习兴趣

学习的主体是学生，倘若历史课堂枯燥无味，无法引起学生的兴趣，自然也就难以吸引学生的注意力。因此，历史教师需要在备课时考虑到如何引起学生的学习兴趣。要想让学生爱上历史，就需要探究学生有什么样的兴趣需求。因为能引起大部分学生兴趣的是奇特而新颖，且贴近学生生活经验的内容，所以历史教师可以选择一些贴近学生实际生活且内容鲜活新颖的史料，让学生燃起学习的热情。

兴趣是学习的良师，若学生能够被历史吸引，自然会主动学习历史，有利于提高学生的历史学习效果。因此历史教师要注意提高学生的学习兴趣，选择一些比较贴近生活的趣味史料用于史料教学，因为这些史料和学生的生活有一定联系，充满时代感与趣味性，能够吸引学生的关注，帮助学生更好地掌握历史知识。

（四）有助于养成学生的探究精神

新课改主张转变学生学习方式，使他们从传统被动学习的方式转变成主动学习的方式，从死记硬背转变成深入探究。曾经的历史教学以学生识记为主，认为识记了各种地名、年代、人名和事件便是学习了历史。这种被动学习无法较好地开发学生的历史学习能力，更遑论让学生利用掌握的历史知识解决现实问题了。史料教学鼓励学生收集、辨析、运用史料，并借此进行探究式的学习，从而更加深入地了解历史，通过跟史料的对话，学生得以主动进行学习，其学习方式的改变符合新课改要求。

探讨和研究历史探究式教学，对持续开展历史教学实践具有重要的指导意义。探究式教学符合国家基础教育课程改革中实施素质教育的要求。在历史教学中采用探究式的教学方式，有助于教师转变教学方式，有助于全面提高学生的综合能力、历史学习能力，尤其有利于全面提高学生的历史学科核心素养。

史料教学培养的人才应该有独立思考的能力，可以主动探究各种问题，能够适应时代的发展需求。史料教学不是单纯强制学生死记硬背各种基础历史知识，而是以培养学生的探究精神为目的，让学生在解决问题的过程中，逐渐形成属于自己的历史认识。

（五）有利于发展学生核心素养

核心素养是学生在学习进程中逐步积累的，对个人终身发展乃至于社会发展至关重要的品格与能力。在历史教育中，对学生核心素养的培育占据重要的地位，它有助于提升学生深入理解、实际运用历史知识的能力以及帮助他们塑造正确的价值观。而史料教学在培育学生核心素养方面扮演着关键角色，其重要性具体体现在以下几点：

第一，坚持以唯物史观看待历史。这是学习历史的基础态度，唯物史观探讨人类社会的发展规律，强调生产力与生产关系的相互关系，以及人民是历史的创造者。唯物史观是揭示人类社会历史客观基础及发展规律的科学的历史观和方法论。其基本原理：①人类社会及其历史是客观存在的；②人类社会历史按照不以人的意志为转移的客观必然规律向前发展；③生产力决定生产关系，生产关系反作用于生产力；④经济基础决定上层建筑，上层建筑服务和反作用于经济基础；⑤社会存在决定社会意识；⑥阶级分析方法；⑦人类社会从分散到整体的发展；⑧生产斗争、阶级斗争（社会革命），科学实验（指自然科学技术）是推动历史发展的动力；⑨人民群众是历史的创造者，同时唯物史观也承认杰出个人在历史上的重要作用等。

人类对历史的认知过程是一个由表及里、逐步深化的过程。在这个过程中，坚持以科学的历史观和方法论看待历史十分重要，它们可以帮助学史者透过历史的纷繁表象，认识历史的本质。唯物史观就是这样一种具有指导意义的科学历史观。它认为，历史是由广大人民群众所创造的，而不是由少数英雄人物决定的。这一观点打破了传统历史观中的英雄史观，使得历史学成为一门真正的科学。通过运用唯物史观的立场、观点和方法，学史者能够更全面、更客观地认识历史，不被表面的现象所迷惑，不被主观的偏见所左右。唯物史观还强调，学史者应该站在具体的历史环境中评价历史。历史是不断发展变化的，每一个历史时期都有其独特的背景、条件和发展规律。因此，学史者不能以现在的标准去苛求古人，也不能用一成不变的眼光去看待历史。只有用发展的眼光去审视历史，才能得出更加客观、公正的历史评价。在新课改的要求下，学生不仅需要掌握基本的历史知识，还需要运用辩证法分析历史事件，学会一分为二地看待历史问题。这要求学生在认识历史的过程中，不仅要看到历史的表面现象，还要深入探究其背后的原因和规律；不仅要看到历史的积极面，还要看到其消极面；不仅要看到历史的连续性，还要看到其断裂性。只有这样，学生才能真正掌握唯物史观的立场、观点和方法，从而更好地认识历史、理解历史、评价历史。

第二，树立时空观念。即把历史事件和人物放在特定的时空背景下进行分析，得出恰当的结论。这包括不同时期和朝代的版图变化、历史时序、年代尺等。“时空观念”是中学历史学科五大核心素养之一，是培养学生对事物与特定时间、空间之间的联系进行观察、分析的观念。古人“置图于左，置书于右，索象于图，索理于书”的读史方法，就是古代历史学家对早期时空观念的理解。而且，历史学习应注重与地理学科建立跨学科联系，这是培养学生历史学习能力、综合学习能力的重要途径。如引导学生关注不同时期不同朝代的版图，带领学生观看张骞通西域的路线、丝绸之路的中外交流；三国时期各势力所处的地理位置等。

第三，关注史料实证。指对史料进行综合分析，以得出结论的方法。这包括对实物考古、文字典籍、后人评述等多种史料的综合运用，同时培养学生基本的文言文阅读理解能力，这有助于让学生通过阅读学会抓住文言文材料中的关键词。例如，通过阅读"为政以德，道之以政"分析得知这指的是孔子的仁政等。

第四，历史解释。这是以史料为基础，对历史事实进行陈述和理性分析的方法。呈现形式有历史叙述、历史评价、历史理解、历史因果关系等。历史解释绝不是简单地给学生讲解几个历史概念和历史事件，它指的是教师在授课时，通过"诱导""启发"等教学方法，以史料和教材为依据，把整个历史事件或历史现象发展的前因后果、历史事物的本质、历史观点的局限、与同类历史事件比较得出的结论传授给学生。

第五，培养学生的家国情怀。历史学习应展现对国家的强烈认同感和归属感，呈现形式：优秀传统文化、民族精神、科技文明、科学精神、民主法治等。如通过学习丝绸之路的历史，感受古代中国沟通东西、贯通古今的大国气度。

（六）有利于培养学生的批判性思维

随着核心素养时代的到来，在培养学生核心素养的过程中，培养学生的批判性思维显得尤为重要。批判性思维不仅有助于帮助学生深化对知识的理解，还能够提高学生的判断力，使学生能够更好地应对复杂多变的现实世界。史料是学生认识历史、解释历史的重要依据。但史料并非完全客观、无懈可击的，它们可能受到各种因素的影响，如作者的立场、时代背景、记录方式等。在进行史料实证时，学生需要运用批判性思维，对史料的真实性、准确性进行辨析，去伪存真，筛选出可信的信息。教师在历史教学中运用史料教学法培养学生的批判性思维的具体策略表现：其一，打破僵化思维，灵活运用问题引导学生提出质疑；其二，创设史料情境，创设批判性思维的情感场域；其三，巧用史料，开展推理论证的批判性训练。

在初中历史教学中，一个好的问题可以引发学生的思考，引起学生的好奇心，进而实现推动学生思维发散的目标。鉴于中学生在事物认知上的局限性，学生仅凭现有知识和经验往往难以实现对事物的全面深入分析与理解。因此，问题设置的准度把握和内容选择显得尤为重要。通过教师提问学生作答的过程不断刺激学生的思维发散，进而促使他们对重新构建既有的固化知识，帮助学生构建批判性思维。这一过程也是培养学生历史学科核心素养的起点，一个有价值的问题的设置，能够充分发挥调动学生参与课堂互动的积极性，让学生在对知识的兴趣中寻找自己想知道的答案，并最终实现对历史知识的内化和自我能力的提升。

在历史教学中，批判性思维强调还原历史原貌，因此，就需要学生在分析过程中补充历史细节，让基本史实更生动、立体和逻辑连贯。想要做到还原历史细节就需要通过史料教学提供多样而丰富的史料情境，构建出复杂多变的历史场景，让学生能更深入地思考历史细节，进而提升自身的批判性思维能力。

辩证，是批判性思维形成的过程。如果说“辩”是学生对事物具备一定的理性客观的态度后展现的批判性气质，那么“证”就是学生推理论证的批判性训练，这也是批判性思维产生的基础。在初中历史教学中，教师要认识到初中学生难以做到如考古学家、历史学家在历史研究中的谨小慎微，仔细求证，但也要对学生有一定的严格要求，以锻炼学生科学、理性、求真的批判性思维。因此，在历史教学中，教师必须充分利用史料。脱离史料谈批判性思维的培养是不现实的，因为思维的养成就在于学生日复一日对史料进行质疑、归纳、推理、分析和解释的练习中。

（七）有利于提升学生阅读理解能力

史料教学要求学生不仅要有扎实的基础知识，还要具备出色的阅读理解能力。通过研读各类史料，学生不仅可以提高自己的阅读速度和阅读理解与分析能力，还能够帮助学生挖掘关键信息，提炼出独特的历史观点，进而在历史学习方面展现出更优秀的能力。在选取完史料后，教师要针对所选史料设计针对性的研读问题，这样才能让学生有目的性地去研读史料。总的来说，研读的问题设计一定要明确具体，尽可能从小角度切入，只有明确具体的问题才能有准确的导向，引导学生去思考。同时要注意设问的难度，教师设计的研读问题不能太易也不能太难，要难易结合、有递进性、逐步深入。这样一方面可以让学生有一个逐步深入的思考过程；另一方面，也可以照顾到不同水平的学生，使所有学生都能够有所收获。

五、对初中历史史料教学的分析

初中历史课程旨在帮助学生全面了解中国和世界历史的基本知识，培养学生的历史思维能力和历史学科核心素养，增强学生的历史意识和文化自信，使学生具备正确的历史观，为他们未来的历史学习和生活奠定坚实基础，以下是笔者对初中历史史料教学的分析。

（一）初中历史教学中的史料

中学历史教学中常见的史料，即教学常用的历史材料，主要有以下三类：

1. 教材引用的经典史料

教材是历史教学的第一资源，它提供了许多历史材料，其中最重要的是历史学习与研究无法回避的经典史料。经典史料是指在教学中对历史问题认识不可或缺、无法绕开的一些历史材料。教材中的经典史料主要来自文字、实物等史料，如《十二铜表法》《权利法案》《共产党宣言》《论语》等。刘金军老师认为，经过一段时间的历史学习，学生对资本主义产生、发展的历程有了初步认识。因此，他在讲课时，选择《共产党宣言》的《资产者和无产者》部分，并让学生根据内容分组分段进行阅读和分析内容。

第 1～5 段（第一组）：阐述了马克思主义的阶级斗争学说，该学说基于对过去全部历史的深刻理解，构成了马克思主义学说的重要基石。马克思和恩格斯通过这一学说，揭示了阶级斗争在社会发展中的核心作用，为后来的马克思主义理论发展奠定了坚实基础。

第 6～28 段（第二组）：阐述了资本主义的产生、发展以及其必然衰落的规律。马克思与恩格斯根据生产力与生产关系的适应性原则，深入剖析了资本主义的产生、发展和消亡的必然规律。

第 29～52 段（第三组）：阐明无产阶级的伟大历史使命，资本主义的灭亡和共产主义的胜利，是历史发展的必然趋势，是不以人的意志为转移的客观规律。资本主义的终结并非自然消亡，而必须通过无产阶级与资产阶级之间的革命斗争方可实现。

第 53～54 段（第四组）：在经过上述分析和论证后，马克思与恩格斯得出了一个划时代的结论：资产阶级的灭亡和无产阶级的胜利是同样不可避免的，这是一个不以人们的意志为转移的客观规律。

通过上面四个部分的分析可以看出，马克思与恩格斯站在无产阶级的立场上，运用历史唯物主义的基本原理和方法，精心研究各类材料，深入剖析了资产阶级与无产阶级的产生、发展及其相互斗争历程。通过缜密的逻辑推演，他们揭示了资产阶级必然灭亡与无产阶级终将胜利这一客观规律，为无产阶级的伟大历史使命提供了科学的理论支撑。这样，学生对于为什么《共产党宣言》的问世标志着马克思主义的诞生、为什么马克思主义理论是科学的理论等问题，就有了初步的了解。

教材中的经典史料也有一部分来自权威历史著作，即国内外异常活跃的学术研究大军的高水平学术成果。如白寿彝的《中国通史》、钱乘旦，许洁明的《英国通史》、马克垚的《世界文明史》、吴国盛的《科学的历程》、斯塔夫里阿诺斯(Starianos)的《全球通史：从史前到21世纪》、帕尔默（Palmer）的《近现代世界史》、霍布斯鲍姆（Hobsbawm）的《资本的年代》《帝国的年代》，安格斯·麦迪森（Angus Maddison）的《世界经济千年史》、郭廷以的《近代中国史纲》、陈旭麓的《近代中国社会的新陈代谢》、王家范的《当代学术：中国历史通论（增订本）》、刘宗绪的《世界近代史》等。这些研究成果不仅能够成为中学师生课外阅读的参考书，同时也是历史中考命题的重要来源。

2. 教师提供的历史材料

教师在日常教学中要针对具体的教学问题补充一些史料，材料选择的关键是问题导向，即教师要有问题意识。对于问题意识有两层理解，一是没有问题就没有材料。正如普罗斯特（Prost）所说，“不提出问题，更不会有资料。正是历史学家提出的问题，使过去留下的痕迹变成史料和资料。在没有提问之前，人们甚至觉察不到这些东西可能是过去什么留下的痕迹”。[①] 如教师在讲述英国资产阶级革命爆发的背景及《权利法案》颁布的意义时，必然要引导学生了解英国的政治传统，即“王在议会，王在法下”。关于如何让学生认识这一传统，在教材缺乏足够材料支撑的前提下，教师补充提供了下列三则材料：

材料一：除封建义务所规定的贡款赋税外，（国王）王国内不可征收任何兵役免除税或捐助，除非得到本王国一致的同意。

——《大宪章》

材料二：若不经同等人的合法裁决和本国法律之审判，（国王）不得将任何自由人逮捕囚禁、不得剥夺其财产。

——《大宪章》

材料三：根据24人组成的贵族会议的决议，每年应召开三次议事会，即“议会”，审查国务并考虑国家的共同需要及国王的需要。

——《牛津条例》

通过上述三则材料，学生可以初步了解英国议会政治传统“王在议会，王在法下”，能更好地理解詹姆斯一世（James I）、查理一世（Charles I）的行为对英国政治传统的破坏，与后面的《权利法案》相关内容联系起来分析，更容易理

① 普罗斯特．历史学十二讲[M]．王春华，译．北京：北京大学出版社，2012.

解《权利法案》对英国政治传统的继承与发展。

二是问题的指向不同，对材料的搜集、处理就不同。如油画《北大钟声》（图 1–1–1）是历史教师在讲授新文化运动时常常选用的一个材料，但在具体的史料教学方法设计和史料运用上却有很大的差异性。较常规的设计是通过让学生辨认画中的人物，直观了解新文化运动的代表人物；另外一种设计，则是引导学生综合分析画中的各种信息，如人物的服饰、人物的站位、图画的构图、光色处理等，深入分析新文化运动的特点，了解图画作者的立场与观点。

图 1-1-1　油画《北大钟声》

3. 学生创作的历史资料

让学生“能够尝试从多种渠道获取与该问题相关的史料”，是史料实证素养对学生的基本要求之一。在教师引导学生搜集、整理历史资料的过程中，一些学生创作的历史资料可以将直接运用到教学中，成为贴近学生认知习惯和兴趣取向的历资料。如学生在历史学习过程中创作的一些历史漫画（图 1–1–2）、历史剧、历史数字故事等都是很好的史料教学资源。

图 1-1-2　经学难抵洋枪炮

在上述作品中，学生以自己擅长的方式和风格，形象而一针见血地揭示了近代中国社会发展的一些本质问题，巧妙而鲜明地表达了自己对历史的认识。教师将这些历史资料运用于课堂教学，更容易引起学生的兴趣与共鸣，有利于学生理解历史和认识历史。

（二）初中历史史料教学的理论依据

初中历史史料教学路径创新的理论依据主要包括《义务教育历史课程标准(2022 年版)》(简称新课程标准)、历史核心素养、史料教学理论、情境教学理论以及教学策略理论。

1. 新课程标准

新课程标准以提升学生的核心素养为核心理念，这意味着初中历史教师的教育方式需要更加注重学生的全面发展，关注他们的个性化需求。初中历史教学作为基础教育的重要组成部分，也需要在这一背景下进行相应的调整和创新。

《义务教育历史课程标准（2022 年版）》对课程内容进行了全面优化，一是该课程标准在中国古代史、中国近代史、中国现代史、世界古代史、世界近代史、世界现代史这六大学习板块中，紧密围绕核心主题，精心策划并选取了结构化的学习内容，旨在提升学生的核心素养。具体内容包括：中国古代史部分，着重阐述统一多民族国家的形成与演进；中国近代史部分，聚焦于民族独立和人民解放的历史进程；中国现代史部分，关注社会主义现代化的建设历程；世界古代史部分，展示多元区域文明的发展脉络；世界近代史部分，探讨资本主义的发展、社会主义运动以及民族解放运动；世界现代史部分，分析战争与革命、和平与发展的全球趋势。通过这六大板块的系统学习，学生将更全面地理解人类社会结构从低级到高级的发展演变过程，洞察历史发展的总体趋势，从而培养学生宏大的历史视野。

二是根据时空顺序，慎重挑选基本、重要、具有代表性的历史事件，积极吸纳历史学及考古领域的最新研究成果，全面展现社会主义先进文化、革命文化、中华优秀传统文化以及世界多元文化的精髓。

三是在原有的六大教学板块基础上，增加第七板块——跨学科主题学习活动板块。这一板块的设立，旨在推动学生学习方式的转变，鼓励他们主动探索知识。通过跨学科主题学习活动，学生不仅能够将所学的历史知识与其他课程的知识、技能、方法相结合，还能在综合探索的过程中，提升自身的综合素质和创新能力。

2. 历史核心素养

历史核心素养构成要素为唯物史观、时空观念、史料实证、历史解释以及家国情怀。在进行历史教学时，教师应以历史核心素养为基础，精心策划教学内容及活动，指导学生正确运用史料来深入解析历史现象，并逐渐形成自己的历史观点。

3. 史料教学理论

史料教学理论强调在历史教学中要注重史料的运用，通过辨析、筛选和运用史料，使学生能够深入理解历史，形成独立的历史见解。史料教学理论主张历史教学应当以史料为基础，通过引导学生接触、分析、解读和运用各种史料，培养他们的历史思维能力。在这一过程中，学生不仅能够了解历史事件的真实情况，还能够学会如何运用史料论证历史问题，形成使学生逐步自己的历史见解。

4. 情境教学理论

情境教学理论是一种先进的教学方法，其核心思想是通过创设生动、真实的情境，引起学生的学习兴趣和好奇心，从而提升他们的学习主动性和参与度。这种方法在初中历史教学中尤为重要，因为历史是一门充满故事性和情感色彩的学科，通过使用情境教学法，教师可以帮助学生更好地理解和记忆历史事件，培养他们的情感态度和价值观。

5. 教学策略理论

教学策略理论的核心在于教师应根据学生的认知特点以及教学内容，灵活运用多样化的教学策略，以优化教学效果。在当前核心素养的背景下，教师应不断创新教学策略，充分关注学生的个体差异，以满足不同学生的学习需求，确保每位学生均能在其原有的基础上实现最大程度的发展。

（三）初中历史史料教学存在的问题

1. 史料选取的偏见

历史是由人类书写的，史料不可避免地会受到作者主观性和选择性的影响，因此它们可能无法完全客观地反映历史事实。这种主观性和选择性可能会导致教材中的史料存在偏差，只呈现某一特定观点或立场，从而影响学生对历史的全面理解。

2. 对史料的解读和分析不够深入

在历史教学中，史料的解读是至关重要的一环。部分教师在教授历史时，对史料的解读往往只停留在表面，未能引导学生深入挖掘史料背后的历史意义和语境。这种教学方式不仅限制了学生对历史的深入理解，也阻碍了他们形成独立的历史思维。

3. 问题设计往往过于简单

在教学中，教师的问题设计对于学生的思考和学习效果都有一定的影响。一些教师设计的问题过于简单，缺乏挑战性和启发性，导致学生难以深入思考，难以真正理解问题的本质和内在逻辑。为了改变这种状况，教师应该注重在教学过程中设计更具挑战性和启发性的问题，以引导学生通过分析史料探究历史问题的根源和内在逻辑。

4. 较少关注学生的历史素养培养

在教育教学领域，历史素养包括学生对历史的认知深度、理解广度、评价客观性以及应用能力。然而，当前初中历史教学中，部分教师过于关注对历史知识点的灌输，而忽视了对学生历史素养的全面培养。除此之外，初中历史史料教学亦存在其他亟待解决的问题。

①史料资源匮乏。

目前，在初中历史教学过程中，部分教师存在不够重视史料资源的现象，他们未能充分认识和利用其在课堂教学中的重要作用。这导致在实际的教学活动中，这些教师对史料的运用显得较为匮乏，未能发挥其应有的价值和影响。

②史料类型单一。

教师在运用史料进行教学时，主要侧重于文字史料的运用，而对于音像影视史料等多媒体史料的使用则显得相对不足，这种情况限制了学生对历史事件的全面理解和感知。

③史料教学方法单一。

一些教师在使用史料时，仅将其视为知识传授的辅助工具，未能充分重视对学生史料实证能力的培养。

④史料评价方式单一。

目前，对于史料教学的评价主要侧重于考试成绩，导致教师在评价过程中相对忽视了学生的史料研究过程。

（四）初中历史史料教学策略

1. 培养唯物史观素养

唯物史观是学史者理解和研究人类社会历史进程的关键方法，是历史核心素养中的重要组成部分。对于初中历史教学而言，培养学生的历史核心素养至关重要，这不仅关乎学生对历史知识的掌握程度，更关乎他们如何运用唯物史观去认识和理解历史。然而，受到传统历史教学思想的影响，部分历史教师在课堂教学中过于关注学生对历史知识的记忆和复述，而忽视了对学生唯物史观的培养。这种做法限制了学生历史核心素养的发展，也让他们难以真正理解和应用历史知识。为了改变这一现状，初中历史教师需要重新审视初中历史教学的方法，特别是历史课堂教学活动的设计和实施。在这一过程中，教师需要充分认识到史料的重要价值。史料是历史认知和重构的基础，是连接过去与现在的桥梁。通过对史料的深入分析和研究，学生可以更准确地了解历史的真实面貌，更深入地理解历史的发展规律。在选择和使用史料时，教师应结合学生的实际情况和唯物史观的培养需求，选择那些具有代表性、典型性和启发性的史料，这些史料应该能够帮助学生建立起对历史的整体认识，理解历史的演变过程和发展趋势。同时，教师还应引导学生学会如何运用唯物史观去分析和解读史料，从中提取有用的信息，形成自己的历史观点。

此外，历史史料教学作为培养学生历史思维能力和唯物史观的重要手段，应当受到足够的重视。然而，当前初中历史史料教学存在过于注重知识本位，忽视对学生历史核心素养培养的现象。因此，初中历史教师需要重视这个问题，并基于核心素养导向，将历史史料教学由知识本位向素养本位转变，以充分发挥史料教学在学生唯物史观培养中的价值，促进学生历史核心素养的发展。以人教版历史教科书《中国历史》（第三册）中《鸦片战争》的教学为例，为了使学生对这一历史事件形成全面、正确的认知，并形成自己的观点和见解，教师需要引入与鸦片战争相关的史料，让学生在阅读、分析史料的过程中，深入了解历史事件的背景、过程和影响。在这个过程中，教师不仅要注重所选史料的准确性和可靠性，还需要注重这些史料的多样性和丰富性，以帮助学生更全面地了解历史事件。

具体来说，当学生学习鸦片战争爆发的原因时，教师可以补充相关史料，如林则徐虎门销烟的相关记载、关于英国对外扩张的历史背景史料等。通过分析这些史料，学生可以更加深入地理解鸦片战争的爆发原因，认识到林则徐虎门销烟只是鸦片战争爆发的直接原因，而更深层次的原因则是英国急需开拓国外市场，寻求更多的资源和市场。这种对历史事件本质的认识，有助于培养学生的历史思维能力和唯物史观。

（1）唯物史观的科学性

历史观指的是人们对于社会历史及其内在发展规律的总体认知和基本观念。在这一领域中，唯物史观占据着举足轻重的地位。它是马克思在深入的理论探索与广泛的实践检验过程中，通过对既往历史观的批判性反思、继承与创新，所形成的对于人类社会历史发展的全面而深刻的认知。唯物史观的形成并不是一蹴而就的，它经历了长期的理论准备和逻辑演变。

唯物史观的产生不仅顺应了社会实践发展的内在需求，更代表了人类对社会认知的深刻进步。这一理论的形成标志着人类对社会历史的观察和理解方式发生了根本性的转变，从而为人类科学地认知社会的历史、现实以及未来的发展趋势提供了新的理论指导。

马克思发现唯物史观以后，又回头用唯物史观指导历史研究。马克思在《资本论》这部具有划时代意义的著作中，运用唯物史观的基本原理，对资本主义生产方式进行了详尽而深入的分析，从而揭示了资本主义社会发展的内在规律。这一研究不仅为唯物史观提供了科学验证，同时也推动了其进一步的丰富和发展。1864 年第一国际的建立及其活动、1871 年巴黎公社的成立，都是唯物史观在社会实践活动中的验证。

（2）唯物史观的地位

唯物史观即历史唯物主义，是马克思主义哲学的有机组成部分，包括对历史过程的本质认识、历史发展结构以及具体人物和历史问题的认识。

对于中学历史教学而言，历史观反映的是中学历史教育的价值取向，决定着初中历史教学要培养什么样的人。人类对于历史的认知，经历了一个由浅入深、由感性迈向理性的演变过程。为了洞察历史纷繁复杂表象背后的本质，需要依赖科学的历史观和方法论来指导历史研究，这些理论和方法对于帮助学史者深入理解历史的真相至关重要。唯物史观是学习和研究历史的世界观和方法论。

中学历史课程引导学生站在唯物史观的立场上，理解并评价历史。这门课程不仅让学生知晓前人的得失，追寻文明的足迹，更让他们在体验历史发展的过程中，感受历史的无穷魅力。历史学习的重要内容之一，就是了解和掌握基本的历史研究方法。通过学习历史事件的发生背景、经过和影响，学生可以逐步掌握分析历史现象的方法，形成自己的历史观。这种能力不仅有助于他们更好地理解过去，还能为他们未来的生活和工作提供宝贵的历史经验。

中学历史课程还强调民族精神的培养。通过学习本民族的历史，学生可以更加深刻地理解自己的文化根源，增强民族自豪感和归属感。这种民族精神的塑造，对于培养学生的爱国情感和民族精神至关重要。此外，历史课程还注重道德情操的陶冶。在历史的长河中，涌现出许多杰出的历史人物和事迹。他们的高尚品质、伟大精神，对于培养学生的道德品质、增强他们的社会责任感具有不可替代的作用。通过学习这些历史人物，学生可以更加坚定自己的信仰，明确自己未来的人生目标。

在唯物主史观的指导下，历史课程对于培养学生的民族精神和时代精神具有至关重要的作用。通过培养以爱国主义为核心的民族精神、以改革创新为核心的时代精神，历史课程能够有效提升学生的人格素养和思维品质。同时，历史课程还有助于帮助学生树立健康向上的理想信念，为他们成长为有理想信念、有道德情操、有扎实学识、有仁爱之心的社会主义建设者和接班人打下坚实的基础。因此，历史课程是“立德树人”教育根本任务中不可或缺的。

唯物史观使历史学成为一门科学。20世纪以来，出现了一些新的史观，除了唯物史观，还有文明史观、现代化史观、整体史观（全球史观）、社会史观、生态史观、革命史观（阶级斗争史观）等多种类型史观。这些史观虽在表述上使用“史观”这一名词，但从严格意义上说，这些史观的属性只是叙述或撰写历史的范式或视角，与唯物史观、唯心史观相比，不属于同一个层次的表述。唯有用唯物史观的基本原理，才可以阐释人类社会的现代化进程和从分散到整体的世界历史进程。

（3）唯物史观的基本观点

唯物史观的基本观点根据不同的标准有多种分类，根据初中阶段历史教学的内容和目标要求，主要涉及以下几点：

①生产力和生产关系之间的辩证关系

生产力是在人类生产实践中形成的一种物质力量，其目的在于改造和影响自然，使其适应社会需要。生产关系则是在物质生产过程中所形成的社会关系，主要涉及生产资料所有制关系、劳动和活动的分工与交换关系，以及与之相应的生产成果分配关系和消费关系。生产关系由特定的生产力所决定，与具体的历史阶段相适应。它客观存在于生产过程中，并非人的主观意志所能左右。

生产力和生产关系之间的矛盾，是生产方式内部所固有的。生产方式的变化先从生产力的变化开始，当现有的生产关系无法适应生产力的进步，从而成为其发展的桎梏时，新的生产力与旧的生产关系之间便会发生冲突。这种冲突的结果，必然要求生产关系进行根本性的变革。这种变革标志着从量变到质变社会矛盾的转化，也预示着社会革命的到来。因此，生产力和生产关系之间的矛盾，是社会变革的物质基础和根本动力。

例如，教师在阐明"春秋战国农耕技术带来的社会进步"这一内容之时，可以围绕春秋战国时期对铁农具的使用与推广来论述。在春秋战国时期，铁制农具逐渐取代了传统的石制和骨制农具，这一转变对社会生产力的提升具有显著意义。首先，铁器时代的来临，象征着当时社会生产力的显著提升。其次，牛耕的逐渐普及极大地提高了耕作的效率。随着生产力的不断发展，井田制逐渐瓦解，土地私有制得以确立，催生了以家庭为单位的个体小农经济。这种自给自足、精耕细作的小农经济模式，极大地促进了农业、手工业和商业的繁荣，推动了中国古代社会的整体进步。

②经济基础和上层建筑之间的相互作用

经济基础是同生产力一定发展阶段相适应的生产关系的总和，一般是指一定历史阶段占统治地位的生产关系各方面的总和。上层建筑是指建立在一定经济基础之上的意识形态以及与之相应的制度、组织和设施。显然，经济基础在内容上是由全部的生产关系构成的，而上层建筑就是以种种制度、组织、设施等具体措施来展现社会中存在的、人与人之间的协调方式。

经济基础决定上层建筑，上层建筑又服务和反作用于经济基础。生产关系的总和构成社会的经济结构。

以人教版历史教科书《中国历史》（第一册）第6课《动荡的春秋时期》为例，教材讲道："春秋时期，社会经济有很大的发展。尤其是春秋后期，铁制农具和牛耕出现，促进了农业上的深耕细作，并为开发山林、扩大耕地创造了条件。在农业发展的同时手工业的规模不断扩大，青铜业、冶铁业……都有所发展。"

生产力的发展必然引发生产关系的变化。分封制的逐步瓦解，象征着周王室对各诸侯国的制约能力日益减弱，导致了社会秩序的混乱与纷争不断。在这一时期，礼崩乐坏的状况反映了当时的上层建筑已经无法适应新兴的生产方式，这成为推动改革和变法的重要动力。新兴地主阶级的崛起，使改革和变法成为历史发展的必然趋势。在这一变革的过程中，不同阶级和阶层的思想家纷纷提出了各自的哲学思想和政治思想，形成了战国时期“百家争鸣”的繁荣局面。这一现象不仅体现了当时社会思想的多元性，也反映了各个阶级和阶层对于未来社会秩序的设想和期待。在这一时期，秦国的经济和军事实力得到了快速提升，这为其最终统一六国奠定了坚实的基础。秦国的成功经验表明，只有不断适应和推动生产方式的发展，才能在激烈的竞争中脱颖而出。对于这一历史进程，教师可以通过教材引导学生运用唯物史观去深入分析和理解这段历史，从而得出以上结论。唯物史观认为，物质生产活动是社会发展的根本动力，它决定了社会结构、思想观念以及政治制度的变迁。因此，人类可以从物质生产活动中找到“一切社会变迁和政治变革的终极原因”，透过纷繁复杂的历史现象和事件，看到经济基础与上层建筑之间的关系。

③社会形态从低级阶段到高级阶段发展

社会形态，指的是在生产力发展至特定阶段时，经济基础与上层建筑所形成的有机统一体。这种统一体，揭示了人类历史发展所遵循的规律性特征。人类社会形态由低级向高级纵向发展，人类社会由分散到整体横向发展。

唯物史观认为，历史是不断发展的，历史发展有其客观规律性。唯物史观主张历史是一个由低级向高级不断发展的过程，这一过程同时也是充满进步和变革的。这一观点在历史研究和历史教学的实践中被广泛的验证和应用，为学史者理解历史提供了坚实的理论基础，也为学生在初中阶段的历史学习提供了重要的指导。历史的发展并不是杂乱无章的，而是存在固有的、客观的规律。这些规律在历史的长河中不断发挥作用，推动着社会的进步和变革。首先，学史者要认识到这些历史发展的规律性是不以人们的主观意志为转移的。无论是个体还是集体，都无法改变历史发展的总趋势。这是一个自然的、历史的过程，是客观存在的规律所决定的。在这个过程中，生产力和生产关系的相互作用是推动历史发展的根本动力。其次，学史者还需要深入研究和理解这些规律，以便更好地把握历史的脉络和发展趋势。这要求学史者在研究历史时，必须实事求是，通过较为切实详细的历史资料，用历史的、发展的观点来分析和研究这些历史发展规律。只有这样，学史者才能更好地认识历史，理解历史。

例如，在讲授人教版历史教科书《世界历史》（第一册）第20课《第一次工业革命》时，教师可以引导学生感受工业革命给社会带来的巨大变化，在感受这一变化的基础上理解无产阶级和资产阶级的对立地位，使学生对工人运动有一个从感性到理性的理解过程。也可以结合多方面的历史史料，运用历史的、辩证的方法，得出以下历史认识：一方面，蒸汽动力成为主要的动力来源，极大地提高了城市生产力水平。随着蒸汽机被广泛应用，纺织、采矿、交通等各个行业的生产力都有提升，城市的生产效率提升，从而带动了整个社会的经济发展。这种生产力的提升不仅丰富了城市居民的生活，改善了他们的生活质量，还促进了城市的繁荣和扩张。蒸汽动力的发展也极大地改善了交通工具。蒸汽火车、蒸汽轮船的出现，极大地缩短了人们旅行的时间，使得地理距离变得不再那么遥远。这不仅加强了各地之间的经济联系，也促进了各地文化的交流和融合。另一方面，工业革命也带来了深刻的社会变革。随着机器生产的普及，社会阶级关系发生了变化。资本家通过机器生产积累了大量的财富，但与此同时，工人则面临着日益严重的剥削和压迫。这种阶级矛盾，最终导致了工人运动的兴起和社会矛盾的激化。

④人民群众是历史的创造者

人民群众指对历史进程起到推动作用的广大人民，在其中，劳动人民构成了其最核心、最稳定的基础。人民群众不仅是物质财富的创造者，其精神文化生产同样深受物质生产进步的影响，并从根本上反映了以物质生产为基础的社会存在状态。

根据唯物史观，人民群众是社会实践的主体，历史的发展正是由他们推动的，他们是推动社会制度变革、引领历史前行的决定性力量。然而，这种创造并非随心所欲，而是受到特定的社会历史条件的制约。在不同的历史时期和社会环境下，不同阶级的群众所发挥的具体作用及其所取得的历史成果也会有所差异。

唯物史观在强调人民群众是历史创造者的同时，也非常重视杰出人物和领袖人物在历史发展中的作用。承认人民群众是历史的创造者，不仅是一个倾向性问题，还是一个符合历史实际、符合唯物史观对于历史所作的科学解释的正确观点。

例如，教师在讲授人教版历史教科书《世界历史》（第二册）的《罗斯福新政》这一教学内容时，要通过学习罗斯福新政，让学生把握人民群众与杰出人物的关系。一方面教师要让学生认识到人民群众对历史的决定性作用，认识到他们是社会实践的主体，是历史的创造者，是推动社会制度变革、引领历史前进的决定性力量。杰出人物要想成功，政治领袖要想名垂青史，只有围绕人民利益，依托人民已创造的物质和精神财富，才能真正发挥杰出人物的力量，完成人民的重托。另一方面，人民的创造受到历史条件的制约，还需要杰出人物的引领。杰出人物使分散的、人民群众的力量得到了汇聚。集中恢复生产力是罗斯福新政的关键，生产活动的决定性力量来自广大群众，人民群众与杰出人物合作，最终实现了历史的变革。由此可见，一个人如果为社会做一番贡献，一定要深刻理解并真正融入群众之中，为了群众、为了社会进步而努力，才能真正有所作为。

2. 培养时空观念素养

第一，可以利用历史地图来培养学生的时空观念。历史地图是人类历史研究的重要工具，它以其独特的视角和呈现方式，为我们揭示了人类历史进程中政治、经济、自然和文化等方面的变迁。历史地图不仅展示了人类与地理空间之间的紧密联系，还反映了不同地域之间的差异和演变。第二，教师可以使用时间轴、年代尺以帮助学生判断重大历史事件的时序问题。第三，教师可以使用历史纪年表、历史大事年表、历代王朝表等展示历史的变迁。第四，教师利用思维导图展示时空观念，有利于培养学生的时空观念素养。第五，教师可以纵横对比（古今中外）强化学生的历史观念。

3. 培养史料实证素养

在初中历史教学中，对学生史料实证素养的培养显得尤为重要。这不仅关乎学生历史学习水平的提升，更关乎他们历史思维能力和历史核心素养的全面发展。史料实证素养，顾名思义是指通过对现有的史料进行辨析，选择真实、可信的史料，重现历史事实的态度和方法。这种素养的培养离不开史料的有力支撑。因此，教师在历史教学中应积极探索史料教学创新路径，发挥史料的独特功能，以锻炼和培养学生的史料实证能力。要实现这一目标，教师可以基于历史教科书中的历史事件，引导学生通过历史图书、网络等途径，查找和搜集与历史教科书中的历史事件相关的历史资料。这些历史资料可以包括纪录片、实物、文字记载等，它们都能为学生提供丰富的历史背景信息和独特的视角。在搜集到这些历史资料后，教师还应指导学生进行筛选和整理，确保所使用的史料真实可靠，能够准确地反映历史事实。例如，对于人教版历史教科书《中国历史》（第三册）中的《五四运动》的教学，教师可以组织学生进行一次史料实证的学习活动。首先，教师可以让学生查找与五四运动相关的历史资料，如当时的新闻报道、学生的演讲稿、文学作品等。其次，教师可以指导学生分析这些历史资料，提取关键信息，并尝试还原当时的历史场景。通过这一过程，学生可以更深入地了解五四运动的背景、过程和意义，形成更清晰、直观的认知，进而培养学生的史料实证素养。

4. 培养历史解释素养

历史解释素养，简而言之，就是根据已有的史料，形成对历史的独特理解，并对历史事件进行深入的理性分析和客观评判。要培养这一素养，要求学生具备扎实的史料解读能力，还需要他们能够从大量的史料中提炼出关键信息，探讨历史事件的因果关系，分析历史发展趋势，并准确阐述历史事件的影响和地位。在初中历史教学活动中，培养学生的历史解释素养尤为重要。例如，人教版历史教科书《中国历史》（第二册）中《唐朝的中外文化交流》的教学，教师可以为学生提供丰富的历史资料，如唐朝时期的对外政策文献、与周边国家的外交记录、文化交流的实物证据等。在掌握了这些史料后，教师可以引导学生从多个角度对唐朝的外交政策进行理性分析，培养学生的历史解释素养。

5. 培养家国情怀素养

家国情怀是一种深厚的情感，它体现了人们对国家和民族的热爱、忠诚与责任感。这种情怀不仅是民族精神的重要组成部分，更是推动国家繁荣富强、民族团结和谐的重要力量。在教育领域，培养学生的家国情怀尤为重要，因为青少年是国家的未来和希望，他们的思想观念、价值取向将直接影响国家未来的发展走向。为了培养学生的家国情怀，教师在教学过程中应精心选择能够反映国家历史、文化、民族精神等方面的史料。这些史料不仅是历史的见证，更是民族精神的载体。通过生动讲述这些史料背后的故事，教师可以使学生深入了解历史人物和历史事件的内涵，感受到民族精神的力量。例如，在进行中国古代史教学时，教师可以选取关于岳飞、文天祥等民族英雄的故事，让学生了解他们为国家和民族利益英勇奋斗的事迹，培养学生的家国情怀。除了讲述历史故事，教师还可以创设情境，通过情境教学使学生能够更好地融入历史场景，感受历史氛围。这种情境创设可以通过多种方式实现，如组织学生参观历史遗址、博物馆等，让学生亲身感受历史的厚重和文化的瑰丽。此外，教师还可以利用现代科技手段，如虚拟现实（VR）、多媒体等，为学生呈现一个立体、生动的历史世界。在这样的环境中，学生更容易被历史所感染。以对南京大屠杀的教学为例，这是一段沉痛的历史记忆。在教学相关内容时，教师应注重史料的真实性和客观性，避免过度渲染或夸大事实。教师可以通过展示视频、图片、文字资料等内容，让学生深入了解日本侵略者所犯下的滔天罪行，以及中国人民在艰难困苦中坚韧不拔、浴血奋战的壮丽篇章，增强学生的爱国之情。

史料在初中历史教学中具有显著的应用价值。通过对史料的应用，可以显著拓宽学生的历史知识领域，并引导学生以辩证的眼光审视历史事件，进而促进其历史核心素养的提升。因此，教师应深刻认识到史料的重要性，并结合历史教学的实际需求，不断创新史料教学方法，使史料的价值得到充分体现，从而帮助学生在扎实掌握历史知识的基础上，实现历史核心素养的全面发展。

第二节　史料的分类与选取

一、史料的分类

史料从历史学视角来看就是可以被用于历史研究的资料，而从中学历史教学视角来看，便是进行史料教学时需要运用到的历史资料，而这些历史资料有多种形式，根据不同的教学需求，可以从三个角度对这些历史资料进行分类：

第一，根据史料性质可将史料分为文字史料、实物史料、口述史料、音像影视史料等。

文字史料还可以被细分成原始文字史料、文艺史料、非第一手文献史料等。其中，原始文字史料包括金文史料、甲骨文史料；文艺史料指戏剧、诗歌这一类文艺体裁的史料；非第一手文献史料则为专业历史学家的研究成果。在史料教学当中，历史教师应以原始文字史料为主，因为原始文字史料所反映出来的历史比历史学家所叙述出来的历史有更高的可信度与准确性，且拥有历史感与真实感。文艺史料主要属于文艺范畴，能旁证史料。历史教师可以适时引入一些非第一手文献史料，以展现对同一史料背后的不同观点和解读。通过这种方式，有助于培养学生的历史思维，使他们能够更全面地认识历史事件，并提升对历史的理解和分析能力。

实物史料是客观存在的、所有涉及人类历史发展的实物，包括古遗址、古建筑、博物馆和陈列馆中摆放的实物等。历史教师可以借助多媒体设备为学生展示实物史料照片，让学生提起学习历史的兴趣，逐渐全身心投入探究历史的活动当中。

口述史料是通过历代口耳相传所保留下来的过往人类的言行，正如梁启超所言“十口相传为古”，可见口述史料也有着重要的地位。常言道“有口皆碑”，这说明口述史料具有与碑文记载的史料相同的重要价值。口耳相传也是文字发明之前保留史料的基本形式。我国曾有许多学者名家通过口述史料来研究历史。例如，孔子正是借着其听闻的口述史料编著了《春秋》，司马迁在编写《史记》时也参考了许多口述史料，不过口述史料的丰富程度和完整程度较文字史料更低。

音像影视史料包括录音、照片、录像、电影等。音像影视史料可以让学生体验到更为真实的历史，和其他史料相比，其对学生历史核心素养的培养效果更好。

比如，历史教师可以在教授抗日战争有关内容时，为学生播放日本签署投降书时的仪式录像，引起学生的共鸣，加深学生的印象。不过，在使用音像影视史料时教师要格外慎重，虽然音像影视史料反映了一个时代的主题，而且比其他史料更为生动，能让人们更投入地了解各种过去的事件，但音像影视史料仍旧是经过艺术加工的史料，虽然可以将其作为历史学研究的参考，但其可信度和严谨程度是存疑的。

第二，根据史料的呈现形式可将史料分为文字史料、实物史料、音像影视史料、图片史料、数据史料等。

此分类方式与上述分类方式类似，包括上述的文字史料、实物史料、音像影视史料，并增加了图片史料与数据史料两个类型。

图片史料具体有两种，分别为原始性图片史料与再造性图片史料。古画、人物照片等能将历史清晰、直观、真实反映出来的史料就是原始性图片史料；而后人以史料为基础创造的历史图画，如漫画、历史画面和人物像，就是再造性图片史料。显然，后者的史料价值远远不及前者。正确认识图片史料需要注意两个方面，一方面是图片即为史料。一些文字史料难以表述的内容可以通过图片史料直观、清晰地展现出来。比如，在讲到商代的青铜器时，历史教师可以为学生展示四羊方尊与后母戊鼎的图片，这些图片让教师的讲述有了依据，让学生更直观地认识和了解了当时的历史，图文相得益彰，加深了学生的理解。另一方面是图片证实史料。用图片史料佐证文字史料表述的历史，增强历史可信度。例如，某教材在讲述《太平天国运动》一课时，教材中使用了一段文字史料来讲解太平天国的“耕者有其田”政策，并配了一幅图，图中是李秀成所颁发的田凭，可谓图文并茂。

数据史料是以统计数字为基础，以图表形式进行展示的史料。在历史教学的领域中，这类史料亦占有一席之地。它能够直观地揭示历史现象的变化趋势，也有助于培养学生的定量与定性分析能力，对于历史学习具有不可替代的作用。

第三，根据对史料的认识可将史料分为第一手史料和非第一手史料。第一手史料即接近或者直接在历史发生时产生的，可以直接借此来透视历史问题的史料，非第一手史料则是后人以第一手史料为基础进行诠释或者研究所得的史料。历史认识是直接与间接认识的结合，且主要依赖间接认识。因此在史料教学中，历史教师要将第一手与非第一手史料进行有机结合，加强对直接史料的重视，让学生通过这些史料探索历史规律，发现历史本质。

二、史料的选取

（一）史料选取的方向

1. 从历史教科书中查找史料

历史教科书凝集了众多专家学者的心血和成果，毋庸置疑是最佳的教学素材。每个版本的历史教科书都可以提供多种多样的史料供历史教学使用，如之前岳麓版历史教科书的“阅读与思考”以及人民教育出版社出版（简称人教版）的历史教科书中“相关史事”“材料研读”“知识拓展”等板块，历史教师可以从中挖掘史料，将其作为对教学的补充内容，让学生学会如何分析、阅读史料，如此一来可以有效提高历史学科的教学效率。

2. 从历史著作中查找史料

史料教学必须注重史料的真实性与客观性，因此，第一手史料或者比较合理的，非第一手史料在史料教学当中最为常见。历史教师要不断积累自己的知识，如平时历史教师可以多阅读历史经典著作，做到胸中书万卷，方能让历史课变得更加生动，更具深度和广度。历史教师需要阅读的不仅包括古代的经典历史著作如《史记》《汉书》，还应阅读近现代中外历史学家的著作等，历史教师需要从这些书籍当中获取的史料，并将这些史料与历史教学融合。

3. 从网络资源中查找史料

随着计算机技术的发展和互联网的普及，历史教师拥有了更方便的史料搜寻途径。中国知网、万方数据知识服务平台和维普网可以为历史教师提供学术文献检索服务；百度百科、互动百科等网络百科全书平台可以为历史教师提供知识检索服务；中国史学网等专业历史研究网站可以让历史教师了解历史研究相关信息；中国历史博物馆等历史知识普及类网站可以向历史教师提供科普服务；中学历史教学园地等专门的中学历史教学网站，能够为广大历史教师提供相关的教学信息。通过网络，历史教师可以获得非常丰富的史料，以供历史教学使用。

（二）史料选取的基本原则

在常规教学中，史料的选取要遵循六个基本原则，即科学性、多样性、典型性、针对性、适量性、系统性。

1. 科学性原则

科学性原则即史料必须具备真实性，历史知识的基本特征就是史料的真实性。然而，这一“真实”并非绝对，而是一个相对的概念。在历史长河中，后人所能接触到的史料往往只是冰山一角，由于历史的复杂性和后人认识的局限性，历史教师往往无法保证某个具体历史事件的史料的是完全真实与全面的。史料可能因种种原因而失实，如传抄错误、政治干预、人为篡改等。因此，在历史学研究中，历史教师需要以批判的眼光审视史料，尽可能还原历史的真实面貌。因此，在实际教学过程当中，历史教师应按照以下顺序来选取史料：第一，优先考虑使用第一手史料；第二，如果有编写书籍，应尽量避免使用专著；第三，若有实物史料可供参考，应优先使用实物史料而非文字史料；第四，对于音像影视史料和图片史料，也应优先选择音像影视史料而非图片史料；第五，教师所选择的史料在时间和空间上应与史料中所叙述主体尽可能接近，以确保史料的准确性和相关性等。

2. 多样性原则

多样性原则即史料应足够丰富，一是在呈现形式上可以选择图片史料、文字史料、音像影视史料、实物史料等；二是在组织形式上可以选择照片、思维导图、坐标图、表格等。

在选取史料时，历史教师要保证史料具有多样性，如此方能更好地诠释历史，能够让学生更加深入地理解历史，提高学生的历史核心素养。总之，教师要以服务教学为史料选择的标准，既要保证所选史料具有多样性，也要注意控制所选史料的“量”。

3. 典型性原则

典型性原则是指历史教师要秉持“少而精”的原则选取史料，使用最为典型的史料进行历史教学。

4. 针对性原则

针对性原则是从教学目的的角度来看必须遵循的原则，教学的目的因教学目标、教学对象等因素的变化而变化，可远可近，可大可小，远至学生的终身发展，近至当下的考试评价，大至培养优秀合格的公民，小至使学生掌握具体的能力和知识。

历史学科五大核心素养为唯物史观、时空观念、史料实证、历史解释和家国情怀。历史教师要在实际的教学过程当中落实五大核心素养对历史教学的要求，最终达成上述教学目标。

5. 适量性原则

适量性原则即历史教师应掌握好在教学中运用史料的数量，不可过少，也不能太多。一节历史课只有 40 分钟左右，因此在教学中使用的史料可以控制在 10 条以上，15 条以下。超过这个数量，学生可能会难以一口气“消化”理解，而低于这个数量则会显得课堂内容过于单薄，不利于提高学生的学习效率。

6. 系统性原则

系统性原则就是教师在进行教学设计时，应从整体上考虑所选择的史料，在一堂课上要有起牵引作用的史料，有起主导作用的史料，以保证教学的系统性。

综上，历史教师在选取史料时，第一，要以科学性原则为首要选择条件，将史料的作者、出处等标明，倘若能够替换更好的史料，就不要继续使用过去的史料。第二，多样性是历史教师选择史料时必须考虑的因素。历史是一个丰富多彩、多元化、涉及内容广泛的学科，它包含了政治、经济、文化、社会等各个层面的内容。因此，历史教师需要选取不同类型、不同来源、不同时期的史料，以呈现历史的丰富性和多样性。第三，典型性原则是历史教师选择史料时需要遵循的准则，典型的史料能够反映出历史事件的本质和特征，有助于学生深入理解和掌握历史知识。因此，历史教师需要选择那些具有代表性、典型性的史料，这些史料要能够体现重要的政治文件、经济数据、社会事件等，以便让学生更好地了解历史的发展脉络和规律。第四，针对性原则也是历史教师选择史料的方法之一，历史教师的目标是培养学生的历史核心素养和历史价值观，因此历史教师选择的史料应该能够增强学生的历史理解能力，帮助他们形成正确的历史观念和价值观。历史教师可以选择一些具有深刻历史内涵和时代价值的史料，如历史人物传记、社会现象分析、历史事件评论等，以便让学生在阅读中思考和探究历史问题，提升他们的历史核心素养。第五，历史教师还需要坚持适量性原则，根据学校的实际情况和学情来选择合适的史料。不同的学校和学生有着不同的需求和特点，历史教师需要根据具体情况进行史料的选择和搭配。同时，还需要注意史料的可读性和易懂性，避免选择过于晦涩难懂的史料，以免影响学生的学习效果和学习兴趣。第六，要坚持系统性原则，考虑到课程对于整本教材乃至整个初中历史教学起到的作用，应站在整体、系统性的角度选择史料。

（三）史料选取的主要特点

1. 符合学生认知特点

在每一个学习阶段，史料都会发挥出不同的作用，所以历史教师应选择能够满足学生不同阶段需求的史料来进行历史教学。在对部分初中历史教科书中所选择的史料进行统计之后，可以看到历史教科书在每个学习阶段都有不同选取史料的侧重点。比如，在人教版历史教科书《中国历史》（第一册）的《青铜器与甲骨文》一课中，有一张刻有文字的甲骨图片，旁边还配上了关于发现甲骨文的小故事。与历史教科书内容紧密相关的图片和生动有趣的故事吸引着学生主动学习历史，有效提高了学生的学习效率。

2. 多结合史料开展探究活动

历史教科书编写者对史料进行精选细选，是为了帮助学生能够更快、更好地认识历史，掌握学习历史的方法。历史教科书编写者倾尽全力，从海量的历史资料中筛选出最具代表性、最具教育意义的史料，为学生打开一扇通向历史的大门。通过对多种类型的史料进行探究，学生不仅能够更全面地了解历史事件的发生背景、过程和影响，还能够逐渐明白什么是历史证据，以及如何获取和评估这些历史证据。这种学习方法符合当前教育界所鼓励的教学理念，也能够培养学生的批判性思维和自主学习能力。学生通过阅读、分析、讨论和撰写报告等方式，深入探究历史教科书所选择的史料背后的故事和意义，从而更加深入地理解历史。

（四）合理选取史料的必要性

1. 精选教学内容的重要前提

在人类社会的发展历程中，史料是人类过去行为的痕迹，能够帮助现代人理解和重构历史的发展过程。通过史料，现代人能够洞察古人的智慧，从而对自己和我们所处的时代有更清晰的认知。史料包含的种类范围极为丰富，既有庄重的官方文献，也有生动的民间传说。这些史料来源广泛，形式多样，包括文字记录、实物证据、口述传说等。随着科技的进步，现代人获取史料的途径也日益丰富，从传统的图书馆、档案馆，到现代的数字化资源、社交媒体等，都为历史研究提供了丰富的史料素材。然而，并非所有的史料都具备同等的价值。在众多的史料中，有些可能经过精心编纂，具有较高的可信度；而有些则可能来源于不可靠的来源，存在一定的偏差。因此，在选择和使用史料时，历史教师需要保持慎重的态度，进行深入的推敲和考证。只有这样，历史教师才能确保自己在历史教学之中所使用的史料真实可靠，有助于让学生准确地理解历史。在初中历史教学过程中，历史教科书内的史料虽然丰富，但并非所有内容都适合在课堂上直接呈现。教师需要根据教学目标和学生的实际情况，精心挑选合适的史料，使其发挥最大的教学作用。

除了历史教科书上的基本史料外，教师还会根据具体的教学问题在实际的历史教学中补充大量的史料，这些补充史料的选择范围广泛，类型多样。它们可能是实物史料，如文物、古迹等，也可能是文字史料，如历史文献等。教师运用史料，能够丰富教学内容，加深学生对历史事件的理解。然而，在选择和使用这些补充史料时，教师必须保持谨慎和理性。要根据实际教学情况适当、适量地选取史料。同一历史事件，涉及的史料可能多种多样，历史教师不能全盘使用史料或者随意选择史料，而要根据教学目标、学生需求和课程内容，有针对性地选取最具代表性和说服力的史料。对于一些有争议的问题或者具有时代局限性的问题，历史教师要特别注意学术界的差异化评价。在这种情况下，历史教师不能偏听偏信，更不能盲目跟从某一学派的观点。而是要多方收集资料，了解不同学派的观点和论据，进行深入的分析和比较，从而做出更为客观和全面的判断。由此可见，在教师利用史料进行教学的过程中，选择环节的重要性不容忽视，它是确保史料能够发挥其真正价值的关键所在。

2. 达成课程标准的重要过程

新课程标准（简称新课标），增强了指导性，对教学实施的指导更加明确。在新课标中，史料的价值一再被强调，足以体现其重要地位。新课标提出的五大核心素养中，史料实证素养是达成其他素养的必要途径，史料实证强调重视史料的收集，整理与辨析，去伪存真。由此可见，教师对众多的史料进行合理选择是至关重要的，这是落实新课标要求的重要过程，同时合理选择历史教学使用的史料能让学生在学习的过程中，逐渐掌握对史料的甄别方法，让他们能够从史料中提取有效信息，从而获得历史认识。新课标明确要求学生能够从政治、经济与社会生活、文化等多角度深入认识历史，而古代经济史难度较大，内容相对枯燥，学生对当代经济史的兴趣程度较低。因此，教师可以在能力范围内优选史料，做好学生认识水平与教学内容的衔接，使得教学难度层层递进，从而增强学生的学习兴趣，最终实现教学目标。

3. 适应学生发展水平的需要

面对琳琅满目的史料，教师如何选择史料并合理运用史料，使其既符合中学生的认知特点，又能引起他们对历史学习的兴趣，是一项需要教师深思熟虑的任务。历史教师必须认识到，不是所有的史料都适合中学生。一些过于简单或过于复杂的史料，可能无法发挥出其应有的教育价值。过于简单的史料可能会让学生觉得索然无味，难以引起他们的求知欲；而过于复杂的史料则可能让学生望而却步，产生畏难情绪，甚至打击他们学习历史的热情。因此，教师在选择史料时，必须充分考虑学生的智力发展水平和心理特点，选择那些既能引起学生兴趣，又能帮助他们理解历史知识的史料。

选择史料并不意味着简单地堆砌和罗列史料，教师需要对所选择的史料进行深入的分析和整理，使其更好地服务于教学活动。这包括对史料的真实性、准确性进行核实，对史料的来源、背景进行介绍，以及对史料的分析角度、方法进行指导。通过这样的处理，可以使史料更加生动、具体，更能吸引学生的注意力，引起他们的学习兴趣。运用史料教学的关键在于恰当。教师在教学过程中，应根据教学内容和学生的实际情况，灵活运用各种史料。例如，教师可以通过讲述生动的历史故事来吸引学生的注意力；通过展示具体的历史文物来增强学生的感性认识；通过引导学生分析历史文献来培养他们的批判性思维。这样的教学方式，不仅可以使历史课堂变得更加生动有趣，还可以帮助学生更好地理解和掌握历史知识。值得一提的是，教师对史料的运用并非一成不变。随着教育理念的更新和教学手段的改进，史料的运用方式也应随之变化。因此，教师需要不断更新自己的知识储备和教学方法，以适应新的教学需求和学生特点。

对史料的研究也是学生在学习过程中的必备能力，结合新课标要求，史料实证对学生核心素养的培育可分为三个层面：一是分析具体历史现象；二是推理历史规律；三是运用规律认识历史现象。深入研究史料可帮助学生充分理解历史知识点，丰富课堂教学内容，体现历史课程的育人价值，有利于培育学生历史的核心素养。因此，教师在教学过程中恰当运用史料，是开展史料教学的关键。

备课质量直接影响着教学质量，因此，教师在选择和运用史料时需严谨审慎。教师应根据教学目标和学生需求，合理挑选史料，并进行科学的设计与编排，使史料与教学内容紧密衔接，从而提升教学效果。同时，同一史料在不同情境下的运用应灵活多变，以适应不同学生的实际情况。在选用史料时，教师还需注意史料的类型、篇幅和呈现方式，确保其能够灵活变通，满足教学需求，进一步提高历史学科史料教学的教学质量。

第三节　史料应用的基础

一、历史学基础

从历史认识论的角度看，人类是有能力认识历史的。借助史料这一工具，人类可以在社会实践和历史研究的基础上揭示历史的规律和真相。尽管史料不可避免地带有主观性，无法百分之百地还原历史原貌，但它所蕴含的信息仍然能够反映出客观的历史真相。马克思曾强调，研究历史必须充分地占有材料，分析它的各种发展形式，探寻这些形式之间的内在联系。马克思和恩格斯创立的历史唯物主义学说，为历史学带来了革命性的变革，为其提供了科学的理论指导，从而使历史学真正成为一门科学。马克思和恩格斯的唯物史观为科学研究历史指明了道路，即把历史看作一个复杂而充满矛盾但又有规律的统一过程来进行研究。

从历史方法论的角度看，史料学、目录学等均为历史教学提供了重要的方法论支持。历史科学的使命在于探究历史发展的内在规律，而史料学则致力于史料的收集、研究及编辑，服务于历史科学。因此，两者之间存在紧密的、不可分割的关联。史料学强调对史料的收集、整理、考订及校勘，其最终成果不仅丰富了历史研究的内涵，而且为史料教学提供了方法论上的指导。史学研究中有大量的基本研究方法，如历史比较法、阶级分析法、历史综合法等，这些也都可以从方法论上指导历史教学。

二、教育学基础

初中历史教学的史料教学主要基于两种理论，即建构主义理论和多元智能理论。

（一）建构主义理论

建构主义作为一种认知理论，其诞生可以追溯到 20 世纪 80 年代的西方，这一理论是在行为主义逐渐演变为认知主义的大背景下诞生的。建构主义深受维果茨基（Vygotsky）、布鲁纳、杜威（Dewey）、皮亚杰等人的思想的影响，他们的理论和思想为建构主义的诞生奠定了坚实的基础。

1. 建构主义的知识观

建构主义理论是当代教育心理学的重要流派之一，它对于知识的理解和认识具有独特而深刻的见解。在建构主义视角下，知识被赋予了三个核心特点，主观性、相对性和情境性。

首先，知识的主观性意味着知识是个体在与外界互动中形成的。这一观点强调了学习者在知识构建过程中的主动性。每个人的观念、经验和背景都不同，因此每个人对于同一事物的理解也会有所差异。这种主观性在教学中的体现是教师应该尊重学生的个体差异，鼓励学生表达自己的想法和观点，以促进学生对知识的内化。其次，知识的相对性指出知识并非永恒不变的真理。随着科学的发展和社会的进步，人们对于世界的认识也在不断更新和修正。在教学过程中，教师应该引导学生认识到知识的相对性，培养学生的批判性思维和求真精神。再次，教师也应该不断更新自己的知识体系，以适应时代的变化和学生的发展需求。最后，知识的情境性强调知识与现实世界的紧密联系。知识不是孤立存在的，而是与人类的生活、工作和社会环境息息相关。在教学中，教师应该注重知识的情境教学，将知识与情境相结合，让学生在真实的情境中体验和感知知识。这样不仅可以增强学生的学习兴趣和学习动力，还可以提高学生的实践能力和解决问题的能力。

2. 建构主义的学习观

建构主义的学习观主张学生借助自己原来的知识基础，在特定的学习情境当中，主动地建构起全新的知识体系，建构主义学习模式如图 1–3–1 所示。

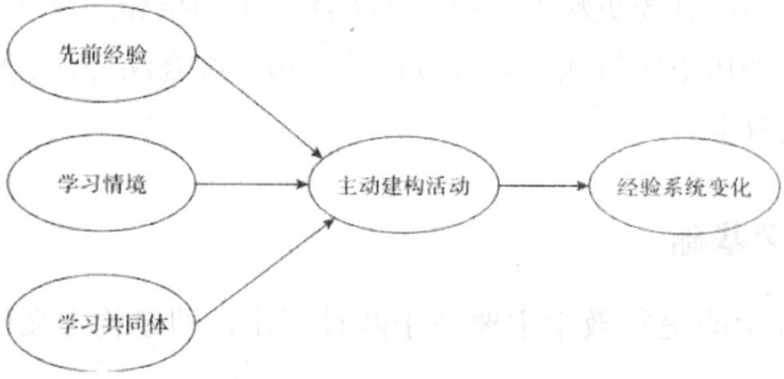

图 1-3-1　建构主义学习模式

从建构主义的学习观中可以得出以下启示：第一，历史教师要先了解学生的学习能力和他们已掌握的知识，再以此为基础进行史料教学设计。如此一来，可以更好地调动学生的学习积极性，帮助其构建新知识体系。第二，在构建历史知识体系时，情境的运用起着重要的作用。通过引导学生解读和分析各类史料，教师能够帮助学生深入理解历史事件，同时借助角色扮演等实践活动，学生可以更加生动地还原历史场景，从而增强其对历史的参与感和理解。这种教学方式不仅能够增强学生的学习兴趣，还能有效提高其学习的主动性和积极性。第三，要认识到历史学习不仅是学生自身构建知识体系活动，同时还是学生之间相互合作建构知识体系的一个过程。不同的学生可能会对相同的史料产生不同的认识和解读，历史教师应与学生构建一个平等、民主的学习共同体。教师应鼓励学生积极分享自己的理解和想法，以促进师生间的有效沟通与合作。通过共同学习和交流，师生可以相互启发、相互补充，从而提高学习效果，达到教学相长的目的。

（二）多元智能理论

多元智能理论是美国著名教育学家霍华德 · 加德纳（Howard Gardner）在 1983 年创立的理论，该理论认为人至少有八又二分之一种智能，其中的八种智能分别为言语语言智能、数理逻辑智能、空间智能、音乐智能、身体运动智能、人际沟通智能、自我认识智能、认识自然的智能。加德纳认为，“每一种智能在人类认识和改造世界的过程中都发挥着巨大的作用，具有同等的重要性”。[①] 多元不是一种固定的数字概念，而是开放性的概念。个体到底有多少种智力是可以商榷的。他所提出的八种智力的观点，在某种程度上还只是一个理论框架或构想。随着心理学、生理学等相关学科的进一步发展，多元智能的种类将可能得到发展，而且每个人都有不同的智力结构，在智力上也存在差异。所以加德纳认为学校教育应以开发学生的多种智力，让学生找到与自身智力相匹配的爱好和职业为宗旨。

从多元智能理论中可以得出两点启示：第一，在历史学科的史料教学环节，历史教师应积极引导学生参与多样化的认知活动，如对史料的对比分析、归纳整理以及综合评价等，通过这些活动，全面提升学生的历史学习能力，以实现教学目标；第二，历史教师要根据每个学生不同的智能特点，选择最恰当的教学方式，因材施教，促进学生的多元智能发展。

三、心理学基础

人本主义心理学是初中历史进行史料教学时主要遵循的心理学理论，虽然人们认为“人本主义心理学之父”是马斯洛（Maslow），但是美国著名教育学家、心理学家罗杰斯（Rogers）其实才是在教育方面产生最大影响的重要人物。

从学习观来看，人本主义心理学理论认为人的本性是好的，是积极向上的，人类具有学习的自然倾向或学习的内在潜能。自我实现这一概念源自心理学家马斯洛的需求层次理论，指的是一个人通过不断努力，追求并实现自己的潜能和理想，最终成为自己所期望的模样。在教育的背景下，自我实现不仅仅是个人的成长目标，更是教育工作的核心理念。马斯洛提出了内在学习的概念，强调了激发学生内在驱动力的重要性，使他们的潜能得到充分发挥，在学习中达成自我实现的目标。著名心理学家罗杰斯也提出了类似的观点，在教育教学过程中，当学生被赋予自主决定学习方向的权利、被鼓励主动提出问题、被允许自主寻找和筛选学习资料，并且能够亲自体验学习成果时，其学习效果将会达到最佳状态。

从教学观的角度审视，罗杰斯主张教育应尊重学生的需求、兴趣和情感，而不是单纯地灌输知识。这种以学生为中心的教育模式，强调学生的主体性，鼓励他们主动参与到学习中来。

---

① 舒扬．探索人类智能的无限丰富性:《多重智力》部分篇章摘编 [J]. 河南教育，2003（1）：26–27.

在他的教学理念中，教师的角色也发生了转变。教师不再是知识的传递者，而是学生的引导者、辅助者。教师不设定固定的教学结构和内容，而是鼓励学生根据自己的兴趣和需求进行自主学习。

在人本主义心理学理论当中，学生的主体地位得到了最大程度地提升，但人本主义的局限性体现为其对学习的主张是绝对自由。对此，心理学家斯金纳（Skinner）表示，如果学生们失去教师的指导，完全处于自由学习情境当中，他们反而会被另一种不自由掌控。更通俗地说，倘若完全让学生自主学习，学生或许会不知道如何进行学习，课堂也会因此失控。

但人本主义心理学理论中也有许多值得借鉴之处，首先，它强调人的自我实现和人追求真理、智慧的美好愿望，学习过程就是自我实现的过程。因此，史料教学应改变传统模式，让学生主动参与，发挥积极性和主动性。例如，鼓励学生选择感兴趣的内容进行自主研究，搜寻史料，并通过自主学习、合作学习和探究学习等方式理解和掌握历史知识，增强学生的历史学习能力，引导学生形成积极健康的价值观。其次，人本主义心理学理论提倡学校开设知识课程、情意课程和自我实现课程，以全面发展学生的能力，帮助学生实现情感和认知的统一。

第四节　史料应用的预期目标

史料教学预期目标是历史教师可以通过呈现史料的方式，拓宽学生的探究视野，让学生在探究历史的活动当中提高其综合素养，并学会一些历史学研究技巧。最关键的是，史料教学在培养学生各项能力的过程中，应注重引导学生形成正确的历史学意识，并将其融入日常的思维模式之中，逐渐塑造为一种自然习惯。唯有如此，才能让学生在习得知识的同时，真正领略到学习的乐趣与成效，实现事半功倍的学习效果。

一、具备搜集史料及初步辨伪的能力

这种能力要求学生熟练掌握史料的搜集方法，并能对史料的真实性和有效性进行精确评估。这并不意味着每位学生都必须具备历史学家的专业技能，而是需要让他们学会如何运用史料来对史料进行初步辨伪。根据初中生的认知水平，学生应掌握以下几种能力：

（一）搜集史料

为了使学生能够深入理解搜集史料的核心途径，教师应详细介绍如调查访问、文献检索等基础方法。这些方法可以为学生打开获取文字史料、口述史料及实物史料的大门。同时，也要明确搜集史料的手段的先进性和科学性对于确保信息可信度的重要性。学生应认识到，并非搜集到的所有信息都值得信赖，谨慎判断信息来源与真实性是历史研究不可或缺的一环。

（二）准确筛选

在教学过程中，教师应引导学生认识到各种史料的价值不同，各有千秋。因此，他们应学会在众多的史料类型中精准地定位并筛选所需的信息。

（三）对史料有基本的判断

教师应在历史教学中让学生全面了解史料的分类及其特点，使学生对史料有基本的判断。此外，学生要深刻理解史料间的本质区别，并意识到在不同的历史背景、研究对象及具体情境下，史料的可信度和作用会有所变化。为了使学生更好地掌握这一知识点，还应教导他们如何从史料中提取有效信息，并基于可靠的史料得出合理的结论。

二、具备多角度认识及诠释历史的能力

历史认识“视野讲求宽广及综合，视角讲求独到及深邃”①，所以历史教师要让学生学会认识历史的正确方法。教师需要引导学生对一个历史事件的起因、作用、结果等进行合理的价值判断，具体如下：

（一）学会辩证地评价

学生要能够突破思维定式，不对事物做出绝对化的评价，可以从各种角度、时间空间来对历史事件进行辩证地评价，学会对基本史实进行分析、比较、归纳和综合，从而分析历史事件的原因、动机、条件、结构、联系、差异等。

（二）掌握评价历史人物及历史事件的方法

学生必须掌握评价历史人物与历史事件的方法，要让学生能够站在经济状况、

① 於以传．史学思想方法的主要内容和实施路径[J]. 历史教学（上半月刊），2016（7）：39—46.

自然环境、文化习俗、政治状况等角度对历史事件进行评价和解释；站在不同的立场，从政治、经济、文化等角度对历史人物进行评价和解释。

（三）具备质疑和反思的能力

历史教师应让学生学会如何以史料为依据得出历史结论，人们能够从史料当中了解到一个时代的细节、变化、风貌和特征，历史结论的形成并非凭空臆断，而是建立在扎实的史料基础之上的。因此，历史教师需要引导学生深入认识史料的重要性，让他们明白史料是得出历史结论的基础。通过引导学生对史料进行深入了解，教师可以帮助学生建立起对历史的正确认识。学生需要学会独立分析史料，从中提取信息，形成自己的见解。教师要培养学生的批判性思维，学生应具备质疑和反思的能力，教师可以鼓励学生对既有历史结论提出质疑。学生需要学会用严谨的逻辑和可信的例子来反驳错误的解释、评价与叙述。这一过程不仅可以帮助学生提高逻辑思维能力，还可以培养他们的独立思考能力。通过不断地质疑与反驳，学生可以逐步得出自己的历史结论，使其更加完善、合理。历史教师还应鼓励学生自己搜集史料，以培养他们的独立研究能力。在搜集史料的过程中，学生可能会遇到各种问题和困难，需要他们通过独立思考、寻求教师帮助等多种方法进行反思和纠正。通过不断地反思与改进，学生可以逐步提高自己的历史研究能力，使他们通过自主研究得到的历史结论更加准确、可信。

第二章　史料实证素养简述及其培养

本章为史料实证素养简述及其培养，共三节，分别是史料实证素养的研究概况；史料实证素养的内涵解读；初中历史教学中史料实证素养的培养。

史料实证素养是学生在学习历史学科时不可或缺的核心素养之一，对这种素养的培养，凸显了历史学科对于学生提升全面素质的重要作用，体现了历史学科独特的育人功能。

第一节　史料实证素养的研究概况

一、关于史料实证素养的研究

（一）双重特征说

上海的何引芬老师援引外国学者的观点，提出史料实证素养至少包含两个核心特征。一是辨析获取史料（即鉴定史料），二是运用可信的史料来重现历史的真实面貌（即诠释史料）。这种史料实证素养应被视为一种“反思性、批判性的方法与思维”，作为历史学科的核心素养之一，史料实证素养具有其独特性和专业性，可被视为历史学科的“独门绝学”。这不仅涉及如何运用专业的历史学考证方法，如选择、鉴别和诠释史料，来确保历史学科的求真性；同时，史料实证素养还蕴含了历史学科能为学生提供的“内在养分”，即培养学生擅于批判、反思的思维模式。

（二）三基础说

历史研究的核心是求真、求实。历史教师必须坚决反对那些论点先行、任意取舍史料的做法。因为这样的做法往往会导致历史教学偏离历史真相，陷入主观臆断和偏见的泥潭。历史教师应该以客观史实为基础，通过多重证据的相互印证，来还原历史的真实面貌。当面对历史争议时，教师不应该轻易下结论，而是应该保持一种谨慎的态度，尽可能收集更多的史料证据，通过对比分析、逻辑推理等历史思辨方法，来逐步接近历史真相。如果教师在证据不足、事实不清的情况下就匆忙下结论，那么历史教学就可能会陷入片面、错误的境地。

在历史学科的教学中，历史教师肩负着引导学生公正对待各类史料的重任。这不仅是要对学生进行方法论的指导，更是对历史学科严谨性和客观性的坚守。历史教师应公正对待史料，这意味着历史教师利用史料进行教学时不能以偏概全，也不能主观臆断带着偏见看待史料。为此，历史教师必须始终坚持史料实证的基本原则，这包括基于客观史实、基于多重证据和基于历史思辨。

基于客观史实是史料实证的基石，历史学科的学习不是凭空臆造，而是需要学史者从客观真实的历史出发，沿着历史真实脉络前进。这意味着学史者必须尊重历史事实，不能随意篡改或歪曲历史。只有这样，学史者才能探寻历史的真相，还原历史的本来面目。

基于多重证据是史料实证的关键，在历史研究中，不同的史料之间应该相互印证，形成一个完整的证据链。这包括不同文字史料之间的印证，文字史料与实物史料之间的印证等。通过多重证据的多方印证，学史者可以更清楚地了解事件的来龙去脉，更加客观地观察历史事实。这样的研究过程不仅增强了史料的可信度，也让学史者更加接近历史的真相。

基于历史思辨是史料实证的灵魂，历史研究不仅仅是对史料的堆砌和整理，更是需要在特定的历史环境下，结合史实做出综合判断。这需要学史者具备历史思辨的能力，能够运用批判性思维去分析和评价史料，这样学史者才能真正把握历史的发展规律。

（三）“七要素”说

山东的赵素芹、周爱花老师认为，史料实证素养的内涵包括以下七个要素：一是收集鉴别史料的方法。包括准确把握史料选择的原则与方法，明确不同类型史料的特点和价值；能够比较不同来源、不同观点的史料，判断史料的真伪和史料的意义。二是获取解读史料的能力。包括能够依据所学的知识去理解史料内容，全面概括史料信息；对史料进行完整、准确、合理的解读，能从中提取关键信息，并对所提取的信息做出准确合理的表达；能在所处的历史环境中选择史料中的有效信息作为最可靠证据表达自己的认识。三是着眼再现的合理想象。具体是指能利用对史料的研究，依据合理的想象做出准确的判断，再认、再现历史以趋接近真实。四是逻辑推理的思维方式。具体包括在对史料进行分析与综合、比较与分类、抽象与概括、归纳与演绎的基础上，具体、生动、完整地再现历史；能够运用唯物史观，透过史料的现象抓住史料的本质，对历史问题做出实事求是的评价；以史料为中介，对过去已经发生、现在正在发生、将来可能发生的事件做出准确推理，使人的认识由已知向未知领域拓展，使历史学习起到“以史鉴今、照亮未来”的作用。五是去伪存真的辨析能力。具体包括能够推测史料作者意图，甄别史料的真伪、判断史料的价值；综合鉴别、考证史料，做到去粗取精、去伪存真；从历史角度思考史料，尊疑重据，做出自己的判断。六是求真求实的证据意识。具体包括运用可靠、翔实和逻辑性一致的史料为历史事实提供证据，做到‘史由证来，证史一致’；能够通过对史料的分析得出自己的认识和结论，做到“论从史出，史论结合”；要综合运用多种史料，知道孤证不立，需要对史料进行多重印证。七是科学阐释的表达能力。具体包括能够充分运用史料，能在正确的史观和方法的指导下，全面客观地论述自己的历史认识；做到观点明确、准确，论证有力、逻辑严密、史料充分真实又恰到好处；能给人以深刻启迪，具有较高的人文价值。①

二、史料实证教学的问题和模式研究

随着《义务教育历史课程标准（2022 年版）》的颁布，不少专家、教师对史料教学也进行了深入的剖析和反思，多篇论文分别从史料运用和史料实证的过程角度指出了史料实证教学中存在的问题。

（一）史料运用之假象

史料是研究和认识历史的基本依据，目前，大多数历史教师都在自觉或不自觉地运用史料进行历史教学，但部分历史教师在对史料的认识及运用方面还存在一些问题。

1. 泛史料化

泛史料化主要表现为部分教师在教学过程中不加限制地使用史料，一是忽视学生的学习实际情况，选用过多、过于烦琐、难度过大的史料，过分追求史料的数量积累，以“满堂灌”的方式运用史料进行历史教学，这无疑增加了学生的阅读负担，不利于学生深入学习和理解历史。二是选取的史料与教学重点之间存在脱节现象，史料的分析与教学的重点不符，这在一定程度上影响了教学进度和教

① 赵素芹，周爱花．例谈“史料实证”素养的内涵与培养[J]．课程教学研究，2018（5）：59–63.

学效果。四川的高建文、田竟力老师认为“当下基于史料的教学困境，不是重不重视的问题，而是‘泛史料化’的出现。[①]表现在课堂教学中，则是教师匆忙向学生展示史料和繁杂的图片或视频。这样的做法不仅不能有效地帮助学生学习历史，反而可能引发学生对历史学科学习的恐慌和焦虑，进而阻碍教师顺利进行课堂教学。

2．以假乱真

以假乱真主要表现为部分教师对所用史料不加考证和甄别，导致一些教师在历史教学炽还在沿用一些虚假史料，或者已被证实存在谬误的史料。四川的高建文、田竟力老师提出，“要保障每一段史料都具有无可争议的真实性，不能随意编造、想象、拼凑和虚拟史料，或把影视剧和文学作品中的一些虚构情节当作真实的历史来使用”。[②]

3．断章取义

断章取义主要表现为部分教师在教学过程中从某种需要出发，对历史采取实用主义态度，片面地选择史料。扬州的陈玉林老师认为，“对历史材料的断章取义是一种歪曲历史的表现。如果人为的、孤立的，从满足个人诉求或政治观点的角度抽取历史事件中的某一片段、历史影响中的某一方面，就很难准确全面地再现历史原貌，辩证客观地分析历史事件及其影响。而不应该选择性失明，尽可能全面客观真实地还原历史，应该是历史教师学养的底线”。[③]天津的杨晓伟老师认为，“历史教学既要立其真，也要穷其流变；既要考证流变中的个体，也要注意将个体放到整体中去探究。除了历史材料提供的信息，还要考虑宏观时空背景。脱离具体时空条件，就很容易出现认识偏差”。[④]

（二）史料实证过程之误区

历史学首先是一门基于史料分析的证学科。培养学生的史料实证素养是中学历史教学的重点任务。但在具体操作过程中，出现了一些错误的倾向。主要包括以下误区：

---

① 高建文，田竟力．历史课堂如何开展史料实证：以“西汉建立和‘文景之治’的教学为例”[J]. 中学历史教学参考，2018（23）：24–26.

② 高建文，田竟力．历史课堂如何开展史料实证：以“西汉建立和‘文景之治’的教学为例”[J]. 中学历史教学参考，2018（23）：24–26.

③ 陈玉林．冷看史料实证素养下的史料运用[J]. 文教资料，2018（9）：90–92.

④ 杨晓伟．从“二重证据法”到“史料实证”：历史教学中学生实证思维和求真意识的培养[J]. 中学历史教学，2018（11）：20–22.

1．印证结论

这是目前史料教学中普遍存在的一个问题，一些教师对于史料实证概念和内涵不求甚解，认为史料实证就是用史料去印证历史教科书或者教师预设的结论；表现在课堂教学中，就是历史教师围绕既定结论去拼凑史料，然后把学生"生拉硬拽"拖往教学预设，忽略了对于史料的选择、辨析、解读等一系列的论证过程。这种印证结论式的史料教学是一种伪史料实证。张兆金老师指出，"史料实证的本义是用史料再现历史真实，以实证精神对待历史与现实问题，并不完全是印证教科书结论。教师不必每讲一句话都用史料加以印证，频繁地采用史料有可能会使历史课变成史料论证课。尽管充满浓厚的学术味，但历史课显得枯燥乏味，教学效果不佳，会让学生厌烦"。①

2．史料无效

在历史教学中，历史教师选取的史料直接关系到教学内容的真实性和可信度，进而影响到学生的学习效果。然而，在实际的教学过程中，一些教师为了教学需要，往往会引用一些无明确作者或出处，甚至是经过加工的文学作品、影视作品等作为史料。这种做法不仅背离了历史教学的真实性，还可能误导学生，导致他们对历史事件的理解出现偏差。来自非正史或缺乏学术规范的史料，由于其权威性不足，往往难以被广大历史学家所接受。历史教师在历史教学中使用这些史料，也会降低教学的效果与可信度，影响学生的学习效果。

3．孤证定说

在实际的教学过程中，由于课堂容量的限制、参考资料不足，以及教师自身素养的制约，有些教师倾向于采用一两则史料来推导出一个历史结论。这种做法，虽然表面上看似简洁明了，但实则存在着问题。这种"孤证定说、孤证而立"的治史方法，很容易使历史教学陷入"断章取义、以偏概全"的误区。历史是一个复杂而多元的领域，任何历史事件都是多种因素交织的结果。单一的史料往往只能反映事件的某个方面，而不能全面揭示其真相。因此，仅仅依靠一两则史料来推导历史结论，很容易产生偏颇和误解，得出牵强附会的结论，这种方法不利于培养学生的科学求证意识和严谨的治学态度。

4．史料与史论脱节

在推进历史教学的过程中，应遵循"从史料到史实再到史论"的严谨逻辑顺序。如果教师只是运用归纳法，对史料进行简单的梳理与分析，并随意得出一个

① 张兆金．培育史料实证素养的教学思考：以人教版"明清君主专制的加强"为例[J]．中学历史教学参考，2018（19）：59-61．

自己想要的结论，使得史料与结论之间没有紧密的逻辑联系，进而造成了史料与史论之间的脱节。在教学实践中，一些教师运用演绎法进行教学时，偶尔也会出现所得结论与史料之间的关联并不明显的情况，这种情况也直接导致了史料与结论的脱节。这与史论在表述上的随意性与不确定性有关，同时，也可能与部分教师对史料的误解有关。史料与史论脱节的现象严重影响了史料的历史价值，同时也损害了历史教学的思辨性与学术性。浙江的袁威老师则指出，“教师指导研习史料的方法不正确，缺乏系统思维，史料与结论之间的逻辑关系不紧密，或过度诠释，或孤证而立、以偏概全，带有一定的反智化倾向，从而大大降低了落实“史料实证”素养的实效”。①

（三）史料教学模式示例

在史料教学的教学探索和实践中，不少专家学者提出了一些比较成熟的教学模式。

1. 选择—鉴别—诠释

上海何引芬老师以史料探究课“如何评价李鸿章”的问题为例②，演绎了史料实证过程。

①选择：教师提供部分史料让学生进行类型辨别（文字史料、实物史料、口述史料等）与价值判断（第一手或直接史料、非第一手或间接史料等）。

情境设计：针对要探讨的“甲午战争后如何评价李鸿章”问题，请大家在如下史料中，选择有价值的史料。

梁启超《李鸿章传》，1901 年；《御制原任大学士直隶总督一等肃毅伯一等侯赠太傅李鸿章碑文》《祭文》；雷颐《李鸿章与晚清四十年》，2008 年；《台湾人民抗战檄文》1895 年；张棡《张棡日记》，起自清光绪十四年（1888 年），终于民国，《马关议和中之伊李问答》档案资料。

通过选择这一环节，学生会认识到史料是一切历史研究的基础和落脚点；史料的价值取决于其研究问题的变化，即一份史料有多大的价值实质上取决于历史学家对它所包含的哪个方向倾注了更多关注。

②鉴别：教师提供学生在上一环节所选择的“有用史料”，让学生去鉴别、考证史料的真实性与准确性。

---

① 袁威．落实历史教学“史料实证”素养的基本策略[J]. 教育观察，2018（22）：24–26.

② 何引芬．史料实证：反思性、批判性的方法与思维：以“如何评价李鸿章”为例[J]. 中学历史教学，2018（12）：27–29.

情境设计：下列史料是大家选出来的“有用史料”，请大家思考借助下列史料来评价李鸿章是否客观准确。

材料一：国本空虚极矣，为大臣者不能背城借一战为国雪耻，而始终以一和字为上策，如此割地求成……（《张棡日记》，起自光绪十四年（1888年）终于民国）

材料二：“……无廉无耻、卖国固位、得罪天地祖宗……”（《台湾人民抗战檄文》，1895年）

材料三：《碑文》中称李鸿章“性秉忠纯，器成远大”，《祭文》开篇也赞其“性秉忠纯，道宏开济”。（《御制原任大学士直隶总督一等肃毅伯一等侯赠太傅李鸿章碑文》《祭文》）

学生通过鉴别这一环节，能意识到辨别出史料的“偏见”需要更高层次的思维——他们需要代入特定的时空场景，分析史料本身代表的情感、立场、时代环境等，并分析、判断这份史料的可用性。

③诠释：指导学生对史料进行反思性、批判性的剖析，挖掘出史料最大的信息量。

情境设计：下列史料是李鸿章与“一日本人”的对话档案。请大家根据这一材料来评价李鸿章。

伊：中堂奉派之事，责成甚大；两国停争，重修睦谊，所系匪轻。……将来彼此订立永好和约，必能有裨两国。

李：亚细亚洲，我中、东两国最为邻近，且系同文，讵可寻仇？今暂时相争，总以永好为事。

伊令伊东写出英文：“一俟换约后一月内两国各派大员办理台湾交接”。

李：头绪纷繁，两月方宽，办事较妥。

李：贵国何必着急，台湾已是囊中之物。

伊：还没咽下去，现在饿得很。

李：两万万足可疗饥。

——《马关议和中之伊李问答》档案资料

学生通过将史料作为批判反思的实体、对象，对史料进行考证，尽可能地接近历史真相，实现对史料的实证考察。

2. 逻辑思维课堂

逻辑思维是培养学生史料实证素养的一个重要手段，它能够让学生在感知历史事实的基础上，运用逻辑思维，达到认识和把握历史事物本质和规律的目的。如杭州周慧老师开发了基于逻辑思维的历史课堂，将逻辑思维与史料教学进行有机结合，旨在解决史料教学中容易出现的杂乱无章地堆砌史料、空洞无物地罗列概念等问题，为历史教师提供了创设逻辑思维课堂的优秀范例。

3. 从史料到证据：理解—分析—评价

英国学者与教师强调在历史课堂教学中，注重从史料向证据的转变过程，并将此过程融入历史探究的体系中，以实施史料实证教学，进而使学生养成证据意识。此举涵盖两大方面，一方面，对以史料作为证据的教学流程进行全面的规划与标准化处理；另一方面，通过创新的教学策略，以史料为基础，凸显史料在解决问题过程中作为证据的重要价值。

英国学者海蒂·勒科克（Heidi Klum）在《超越偏见：让史料评价富有意义》书中提出了以史料为证据的基本教学程序，如表 2–1–1 所示。

表 2-1-1　海蒂·勒科克设计的以史料为证据的基本教学程序

阶段	步骤	技能
理解	史料能否支持我的结论 什么会成为相关的证据 我该如何写下所有的内容	理解信息、配对证据和观点 选择和处理证据 准确表达
分析	这条史料告诉了我什么 我可以相信这个叙述吗 为什么我可以 / 不可以相信这条史料	怀疑和批判性分析 质疑和可靠性评估 阐述和证实对不可靠性的指控
评价	这条史料对于评价什么史实来说是有用的 如何从冲突的史料中筛选可信的叙述	评价有用性，进行重新评估 解释，比较，建构

此外，另有学者认为，使用史料分析表是帮助学生了解史料的有效方法，如表 2–1–2 所示。

表 2-1-2　史料分析表

史料说明或表明了些什么	史料在何时产生	史料在何地产生	谁产生 / 记下 / 制造了它	他 / 她 / 他们这么做可能是为了什么	支持这些观点的例证

同时，在深入解读史料方面，有学者建构出了“分层推理”模型，如图 2–1–1 所示。

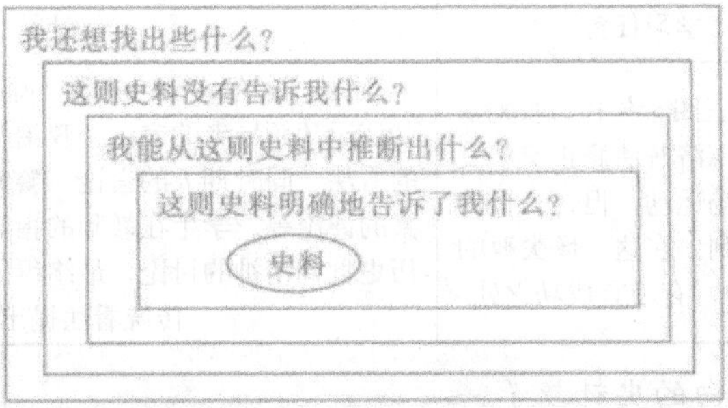

图 2-1-1 “分层推理”模型

4. 基于多元化视角的史料教学

教师在教育教学过程中，应当引导学生主动转变观察视角，从多元化的角度出发，深入剖析历史材料，全面认识历史事件。通过此种方式，帮助学生构建全方位多角度的历史思维，并培养他们的历史反思意识，从而帮助学生更好地理解历史，汲取历史的智慧。

5. 重视有计划并由浅而深的史料教学

英国历史学科国家课程标准中的成就目标体系十分强调对史料的分析与运用方面的能力要求，几乎每一项目标都与史料的学习与运用有关。因此，史料教学是达成成就目标的基础性教学活动。而在教学实践中，史料教学活动通常是有计划并由浅而深地进行的。其中，外国中学历史教师提出的渐进式教学活动设计引起了教育界的广泛关注，如表 2-1-3 所示。

表 2-1-3　旧《济贫法》—乡村变迁—反“新济贫法”运动

教学活动	学习任务	说明
旧《济贫法》	分析旧《济贫法》，并结合历史背景，研究旧《济贫法》的本质，尝试得出社会救济本质的结论	学生阅读一段较为简单的史料，并对这一史料的可信性、有效性做出判断，进而深入理解史料、感知那段历史，最后对那段历史得出自己的认识和结论
乡村变迁	分析某杂志上的一篇文章从中对比乡村生活“过去”和“后来”两种方式，探析它们的不同之处	学生通过列举比对文章所描绘的“过去”与“后来”的不同的社会景象，深刻感受和认识乡村生活的变迁，揭示出文章作者的真实意图。通过分析史料、运用史料，学生提高了疑问和问题的能力，建立起关于过去、现在与将来的联系，丰富了想象力

续表

教学活动	学习任务	说明
反“新济贫法”运动	19世纪三四十年代，反对者为废除《济贫法修正案》发起了一场运动，但这一目的没有达到。在这一场失败的运动中，有没有成功之处	针对这一富有争议的主题，师生共同搜集相关史料，如该运动领导者的言论、政治活动评论、运动参与者的看法、同时期人的言论、警察的说法、美国历史学家的评论等。学生在教师的指导下进行富有创造性和历史批判精神的讨论，最终得出自己的历史观点，对传统看法提出挑战

6. 重视问题导向的史料教学

在美国中学的课堂上，议题中心教学法被广泛采用。这种方法以真实且具有争议性的议题为核心，组织并引导学生进行深入的探讨。为了有效参与探讨，学生需要对该议题的背景和相关概念有清晰的理解，需要深入研究不同群体对于该议题的各种观点，辩证地分析这些观点背后的理由和依据，揭示其中隐藏的不同需求和价值观。通过这种方式，学生最终能够形成理性客观的价值判断，并培养批判性思维能力。当争议性议题涉及具体的历史事件或历史人物时，历史材料则成为情境创设的重要基础，要避免学生对历史产生片面化、简单化的认识就应当选择不同类型、不同观点的历史材料。这样，经过基于议题的历史探究学习，学生能够逐渐掌握从史料中精准提炼有效信息的技能，这些信息将成为他们进行历史叙述的可靠证据。同时，学生还能够根据这些提炼出的信息，提出具有深度和独特性的历史见解。以对“日本人如何看待本国在1853年向西方开放”的探究为例，其情境创设与学任务如表2-1-4所示。

表2-1-4 “日本人如何看待本国在1853年向西方开放”的情境创设与学习任务表

情境创设	学习任务
分析栏目内容：一幅1855年由日本艺术家歌川广重创作的木版画，内容是美国海军准将马休·佩里（Matthew Perry）乘船抵达日本下田的场景。 一段文字材料：1853年，佩里到达日本后要求日本开放与西方国家的贸易，他的到来给日本社会增添了紧迫感。日本社会各界人士对于日本是否应当向西方开放持有不同的意见，并且在国内展开了有关此事的激烈争论。	了解议题：日本人如何看待本国在1853年向西方开放？
分析材料：内容分别是三位生活在不同时代、不同身份的日本人（一位封建领主、一位学者和一位作家）针对讨论问题发表的观点。	讨论三个问题： ①每个人的观点是什么？ ②这些观点在哪些方面是相同的，它们有什么不同之处？ ③如今人们对此议题会有什么样的观点？
分享观点：讨论同意或不同意这些观点的哪些部分，认为发言人为什么可能会这样做？	以班级为单位，写下一份以上三位发言人可能都会同意的声明。

在表 2-1-4 中，所选取的是呈现不同历史人物观点的史料。学生应当深入研读这些史料，准确理解其内涵，并从中精准提取有效信息。随后，他们需要归纳整理三位历史人物的各自观点，并在此基础上，运用批判性思维对这些观点进行深入的分析、细致的比较以及公正的评判。

三、史料实证素养的呈现方式研究

（一）故事化呈现

史料实证素养最为常见的呈现方式就是材料解读。经过严谨的教学设计，历史教师要把叙事性的、生动的史料实证转化为故事形式进行展现，这种方法能有效简化复杂难解的历史现象，更易于学生理解历史知识。同时，此举也能赋予原本枯燥的历史评述以趣味性，引起学生的学习兴趣，提升教学效果。而故事化呈现就是围绕事件所形成的、充满吸引力的历史叙事，这种叙事具有四个基本要素，分别为生动形象的人物、新颖有趣的题材、引人期待的悬念和让人欲罢不能的情节，学生容易理解这种故事化的史料实证，课堂教学效率也会因此提高。

要想让史料实证转变成一段精彩有趣的历史叙事，需要经过以下几个步骤。第一，故事化呈现的前提是教师大量阅读史料以挖掘合适的题材，历史教师需根据教学主题收集相关史实细节，提炼出有趣的故事题材。第二，故事化呈现的核心是补充史料实证，构思出合理情节。提取故事后，要根据史料实证的时代背景补全故事情节，创作出跌宕起伏、细节鲜活、人物行为符合逻辑的故事。另外，为了吸引学生将注意力投入历史学习中，故事应短小精悍。第三，故事化呈现的目的是设计悬念，启发学生思考。故事化呈现既是在传递史料信息也是在探究历史问题，采取讲故事的方式，是因为这样可以方便学生理解历史的内涵，学生会被历史故事中的悬念吸引，不断探究，从而实现知识的迁移和创新。让学生主动对史实进行评判和分析，可以避免传统课堂中学生被动学习知识的情况。这样，在进行故事化呈现的过程当中，学生有了思考的空间，历史教师也能及时获取教学反馈。

在故事化呈现时，历史教师必须格外注意保持史料原始形态的准确性，以免因故事化的叙述方式变化而导致历史事实发生变化。因此，历史教师必须尊重史实的实证性，不得选用媚俗或存在谬误的史料。在塑造场景和描绘细节时，历史教师可以进行合理的想象和创造，但必须确保这些想象和创造不改变历史的整体趋势以及关键的人物、事件等元素。同时，历史教师不能为了追求情节的有趣性而偏离史实，以免误导读者或观众对历史的理解。总之，历史教师必须以严谨、稳重、理性的态度对待故事化呈现，确保所传达的信息真实可靠，符合历史的实际情况。教师要始终记住一点，故事化呈现只是历史教学的一个手段，让学生认识历史才是真正的出发点，在叙述故事时，既要注重情节的引人入胜，也不能忽视其内在的学术价值。此外，将史料转化为教学语言的形式进行故事化呈现，可以使原本枯燥的史料变得生动易懂，因此，在表达过程中，教师应运用简洁明了、贴近生活的口语化语言，以确保信息的准确传达。故事化呈现既要保证故事讲述风格生动活泼、引人入胜，也要保证历史教学内容规范而准确。

案例：“抗日风潮中的岳飞形象”故事教学设计

材料：1935 年 3 月 5 日，南京特别市市长石瑛签发训令第 2315 号，严禁吕思《白话本国史》于未删正前在南京销售，并签发公函称：“按武穆之精忠与秦桧之奸邪，早为千秋定论。该书上述各节摭拾浮词，妄陈瞽说，于武穆极丑诋之能，于秦桧尽推崇之致，是何居心，殊不可解。际此国势衰弱，外侮凭陵，凡所以鼓励精忠报国之精神，激扬不屈不挠之意志者，学术界方当交相劝勉，一致努力。”

——胡喜云、胡喜瑞《民国出版史诉讼案中的吕思勉》

上述史料所提事件发生的背景是吕思勉所著的《白话本国史》中存在赞扬秦桧、贬低岳飞的内容，南京市政府要求教育局查禁此书。历史教师可以在历史教学进行到“20 世纪 30 年代民族危机加重”时，为学生展示此段史料，让学生围绕着“1935 年”这个关键词，并结合掌握的知识来解读材料，认识到当时南京市的市长石瑛提到的“际此国势衰弱，外侮凭陵”即 1931 年九一八事变后日本的侵华行为，它导致了中国的民族危机加深，给中华民族留下了无法磨灭的历史伤痕。通过故事化呈现，这则内容较为干瘪的材料将会变成启发思想、引人入胜的历史故事，历史教师采取新的教学方式对历史事件进行阐述和复原，能让学生拥有一个新的思考与观察视角。本案例具体实施策略如下：

第一步，搜索资料，深入了解当时背景，收集各种故事素材。从史料实证出发，使用“岳飞形象”“石瑛”“吕思勉”等关键词来搜索相关资料并进行阅读挑选，最终提炼出一个“抗日风潮中的岳飞形象”的故事主题。

第二步，塑造人物形象，热爱国家、主张抗日的当时南京市市长石瑛和贬低岳飞、崇拜秦桧的历史学家吕思勉，双方眼中不同的岳飞形象形成了戏剧冲突。

第三步，构思整个故事情节，借助各种细节来展现人物形象，以悬念启发学生的思考。吕思勉所著的《白话本国史》虽然提出“岳飞属于军阀”这一饱受争议的观点，不过当时的社会依旧对此书有不错的评价，直到 1931 年，吕思勉这种崇拜秦桧、贬低岳飞的行为受到舆论指责，事件逐步酝酿，最终在 1935 年形成影响力较大的事件，当局即刻禁止销售此书，禁止学生阅读，吕思勉更是背上了外患罪的罪名。在故事讲到这里时，历史教师可以提出一个问题来引发学生的思考：为何此书发行了十二年之后，突然出现了这么多反对此书的声音？

曾经内容较为枯燥的史料在故事化呈现之后变得更为鲜活，便于历史教师引导学生一同还原客观而真实的历史。自1931年起，日军多次挑起事端，加剧中日矛盾。在民族危机严重的背景下，人们认为“崇秦贬岳”是贬低抗日风潮，维护奸邪小人的表现。历史教师也可以进一步启发学生，让学生思考：为何在十二年前这本书刚出版时，没有人对其内容有所质疑？事实上，十二年前正是国民大革命时期，当时社会上流行的口号就是“打倒列强，除军阀”，吕思勉书中所提出的观点与民意相符，自然不会有人反对书中内容。然而到了1935年，中日间的矛盾逐渐升级，社会各界纷纷主动投身于抵抗外来侵略的行动中。在这一时期，主流民意对塑造一个忠诚报国的民族英雄形象产生了强烈的需求。因此，对于任何贬低岳飞形象的行为，都可能引起公众的质疑。由此可见，时代的需求在一定程度上对岳飞形象的塑造产生了深远的影响。

（二）可视化呈现

在历史教学中，文本作为一种常见的史料形态，发挥着重要的作用。然而，部分文本因文字繁多、内容抽象，在课件和讲义中的呈现方式难以引发学生的学习热情。史料实证可视化呈现就是通过图解的方式，将文本中的关键内容以直观、形象的图解形式展现给学生，更便于学生学习理解。经过重构的史料实证素养不仅更易于理解与运用，而且具有更强的感染力和冲击力，能够给学生留下深刻的印象。

在对史料进行可视化呈现的过程中，历史教师要关注三个问题：第一，可视化过程的规范性至关重要。在教学过程中，将史料转化为可视化形式时，历史教师必须深入挖掘并转换史料内容，确保可视化呈现与交互的精准性，并对史实进行详尽解读与阐述。可视化呈现不仅是传递史实信息的工具，更承载着传达经验、期望、观点、见解、预测及价值观的使命，旨在引导他人正确记忆与应用相关历史知识。第二，明确可视化呈现对象的选择标准至关重要。并非所有史料都适合进行可视化呈现，历史教师应优先选择视觉素材丰富或具备数据统计支持的史料，以确保可视化呈现的最佳效果。第三，掌握多样化的可视化呈现手段亦不可或缺。包括将史料转化为动画、漫画、视频、数据图表或历史图像等多种形式，以提升信息传递效果。

（三）场景化呈现

在教授学生基础知识的方式上，传统历史教学方式会在课本中呈现史实，而以史料为基础的常规教学方式则是在课件中呈现史料，但这两者其实都是历史教师单方面向学生灌输观点，因为前者没有呈现认识历史的依据，后者很少会加上对史料的分析过程。史料的场景化呈现，并不是要激起学生的情感反应，而是要求历史教师引导学生参与史料的搜集，并在特定的任务背景下，将所收集的史料进行恰当的展示，从过往的传授型呈现变成任务型呈现，不再遵循展示史料、解读史料、印证史实这一教学顺序，而是转变成学生收集史料、运用史料、反馈成果的全新学习顺序。如此一来，便可以凸显学生在学习中的主体性，有利于提高学生的自主学习能力。

不过场景化呈现其实是一把双刃剑，如果使用不慎，很可能弄巧成拙，所以历史教师在教育实践中，必须高度重视学生的参与性，确保这一环节不流于形式。在对史料的搜集与整理，以及后续的研究与应用过程中，教师应积极鼓励学生主动参与各项教学活动，以培养他们主动探究历史问题的意识，提高学生的逻辑推理能力，师生共同进步，在一次次教学的活动中逐渐掌握更多的历史研究方法。

案例："中国为何在甲午战争中失败"场景化呈现教学记录

在讲甲午中日战争时，历史教师会问学生中国当时为何会战败，一些学生会根据历史教科书中的一些字句认为这是李鸿章错误的避战策略所导致的，还有一些学生有一定的课外知识积累，会认为这单纯是慈禧过于腐败，将海军的军费用来修建颐和园导致的。可见，如果史料实证不足，学生将难以得出全面、深刻的历史结论。历史教科书篇幅有限，难以展现全面史料。因此，历史教师可以设计"学术研讨会"场景，让学生根据史料探讨甲午战争失败的原因。

首先，学生收集史料实证阶段。在此过程中，历史教师有责任提醒学生，应避免在搜集材料时带有预设结论，而应在对史料进行深入分析之后，再形成合理的结论。学生可以通过互联网与图书馆找到各种各样的史料实证，例如，学术专著、诗歌、书信、视频等，在这一过程中，学生可以极大发挥其参与性和主体性。其次，整理分析史料实证阶段。学生收集的史料实证可能来自各个地区和国家，历史教师应引导学生依据史料的出处进行分组研讨，分别从西方、日本和中国等多个角度对史料展开全面而深入的分析，确保结论的全面、客观。学生代表在呈现史料、阐述观点时，要突出探究的过程（学生积极主动地思考与行动）而非结果（学生说出历史教师预设的答案）。

倘若没有让学生全面了解史料，对史料实证素养没有透彻的理解，那学生在历史学习中得到的结论自然是片面的。通过收集和场景化呈现史料，学生可以在历史活动当中对历史现象的成因进行更加客观的分析，并以撰写小论文的形式总结研讨成果。史料实证的场景化呈现让学生得以体验历史，有利于提高学生的历史核心素养与自主学习意识。一节历史课精彩与否，成效高低，一定程度上取决于这节历史课对史料实证的呈现效果。以史料实证呈现的载体、形态和主体为切入口，分别探讨故事化呈现、可视化呈现和场景化呈现这三种优化策略，并不是为了完全替代或者颠覆常规史料的呈现方式，而是要让以史料实证素养为基础的教学方式达到的教学效果更上一层楼，让学生更加牢固地掌握知识，更深刻地理解历史，最终得到更好的历史课堂效果。

第二节　史料实证素养的内涵解读

一、史料实证素养的内涵

历史学科的核心素养包括唯物史观、时空观念、史料实证、历史理解和家园情怀，其中史料实证素养是其他素养得以实现的必要手段。史料实证素养指历史教学应让学生具备理解、评估和准确运用历史文献的能力，以及展现还原历史事实的态度和方法。历史资料是研究历史的主要工具。为了准确地、客观地认识历史，教师需要重视收集和分析历史资料，并教会学生运用这些资料进行有效地历史学习和研究。在义务教育阶段，历史学科的教学目标是引导学生初步学会利用可信的历史资料来分析和理解历史事件。待学生掌握了各种寻找历史资料的技巧，加深了对历史的领悟。教师可以鼓励学生试着运用历史资料分析历史问题，学会通过可信的历史资料来描述和解释历史事件，培养对重视证据的意识和处理历史信息的技能。

二、史料实证素养的分析

实证，又称考证，是指实际的证明、确凿的验证，是我国传统学术研究的基本方法，也是被历史学界普遍使用的一种学术研究形式。

史料实证是指对获取的史料进行辨析，并运用可信的史料努力重现历史真相的方法。对于史料实证的理解，包括两个方面：一方面指考查验证，就是在一定的方法指导下，运用科学技术对史料进行辨析考证、确定真正的史实，即“史由证来”；另一方面指实际的证明，就是在一定的史实基础上，通过一定的历史学理论和逻辑推理的方法，归纳史实之间的内在联系、总结历史规律，即

"论从史出"。

（一）史料实证素养的逻辑分析

史料实证素养主要表现为运用史料进行科学推理，科学推理的本质就是逻辑方法，包括演绎法和归纳法。一般意义上，历史学习中使用的归纳推理方法是基于部分观察得出一般性结论的方法，就是观察到某些事物共有某一属性，就推断整类事物都具有这一属性。所有的归纳推理都可能存在一定的局限性，归纳推理的前提与结论之间存在概率关系，而非绝对必然。也就是说，归纳推理的前提真而结论假是可能发生的，历史学习中的归纳推理是一种或然性推理。

史料实证的逻辑思维的主要表现为三点：第一，借助史料分析具体历史现象（个体）；第二，科学推理历史现象背后的规律（一般）；第三，运用一般规律认识历史现象（个体）。

例如，唐朝的诗歌是个体现象。第一，学生知道了唐朝诗歌的流行及唐诗的特点；第二，学生由唐诗总结出唐朝的基本政治特征或阶段特征；第三，学生基于唐朝的社会特征可分析出唐朝更多的个体现象，这个过程体现的就是史料实证的思维逻辑过程。

（二）史料实证素养的向度分析

史料有真伪，所以实证有"证实"和"证伪"两个向度。教师们一般比较重视"证实"而忽视"证伪"。江子磐认为，"只有"证实"和"证伪"相结合，用证据说话，才能形成一个严谨、严密的论证过程，在"史料实证素养"的基础上构建自己的历史叙事和历史解释"。① 他以"岳飞战绩考证"为例，引导学生对《金史》等相关史料进行辨误证伪的考辨和合理推断，对岳飞的战绩进行多重史料的印证与证实，从而形成一个既合理追溯又小心求证的逻辑推演过程。通过逻辑思维和合理推断，结合验证和反驳并依据史实进行推理，从而保证了论证的可信性和准确性，进而实现了对重大历史事件的系统构建和解释。

（三）史料实证素养的方法分析

王国维的二重证据法，历来被众多历史学家奉为圭臬。天津的杨晓伟老师在此基础上提出"二重实证法"②，其基本原理和做法：首先，以文字史料为依据，

---

① 江子磐．"证实"与"证伪"构成"史料实证"的两个向度：基于一则"史料探究课"的实践与思考[J]. 课程教学研究，2018（10）：84—87.

② 杨晓伟．从"二重证据法"到"史料实证"：历史教学中学生实证思维和求真意识的培养[J]. 中学历史教学，2018（11）：20—22.

通过推理和证明来掐头去尾，得出一个历史事件的结论，然后再通过实物史料对结论加以验证，以求得到相同的结论。也可以通过实物史料对文字史料提出质疑，引发新的思考。其次，如果以实物史料为基础，可以利用文字史料对历史结论进行解读，并补充提供实物史料的证据。可以通过对实物史料的解释进行质疑，使用纸面上的文字史料来支持这一观点。“二重实证”涵盖了验证和确认两个方面，即可验证也可证明史料与史论相符；能够识别真假，包含怀疑与相信、批判与建构两个方面的作用。最后，也有教师提出，可以运用量化研究进行史料实证素养分析，如对古今中外的历史现象和历史过程中的数量、数量关系和数量结构进行量化研究。量化研究有助于把定性结论中隐含着的、模糊的数量判断明晰化，使教师在使用包含着数量概念的定性判断用语（如重大的、主要的、常见的、典型的、很多、广泛的、微不足道的等）时更加谨慎。但量化研究有自身的局限性，如仅凭计量结果不可能展现某个历史事件的全貌，量化研究容易忽视历史中体现的人文性等。

（四）史料实证核心素养水平分层分析

《义务教育历史课程标准（2022 年版）》对学生的史料实证核心素养水平进行了清晰的划分。如表 2–2–1 所示。

表 2-2-1　学生的史料实证核心素养水平划分

水平	史料实证素养
水平 1	①能够区分史料的不同类型 ②在解答某一历史问题时，能够尝试从多种渠道获取与该问题相关的史料 ③能够从所获得的史料中提取有关的信息
水平 2	①能够认识不同类型的史料所具有的不同价值 ②理解史料在历史叙述中的基础作用 ③在对历史事实与现实问题进行论述的过程中，能够尝试使用史料作为证据论证自己的观点
水平 3	①在探究特定历史问题时，能够对史料进行整理和辨析 ②能够利用不同类型史料，对所探究的问题进行互证，形成对该问题更全面、丰富的解释
水平 4	①能够比较、分析不同来源、不同观点的史料 ②能够在辨别史料作者意图的基础上利用史料 ③在对历史和现实问题进行独立探究的过程中，能够恰当地运用史料对所探究问题进行论述

从上表中可以看到，学生的史料实证核心素养水平分为四个等级，水平 1 为最低等级，水平 4 为最高等级。四个水平等级具有连续性和递进性，每高一级水

平的表现涵盖前一级表现。水平 1 主要关注学生对史料的分类、来源的初步认识和从史料中获取信息的初步能力；水平 2 则在水平 1 的基础上进一步提升，突出强调学生在历史叙述、论证中初步运用史料的能力；水平 3 则更上一个层面，一方面，要求学生能够在特定的历史问题情境中能够辨析、整理、运用史料，另一方面，则是要求学生具有历史论证和解释建构能力；水平 4 则涵盖了水平 3 的要求，且更具体、更具操作性：一是要求学生能够辨析史料的不同来源、不同观点及作者的具体身份、立场等；二是希望学生能够运用史料进行独立探究历史和现实问题。

教师在理解和把握史料实证素养的四个水平层次时，要注意以下三点：

一是“情境”。在不同的情境下，学生展现出不同的水平层次。

二是“维度”。在基本相同的情境中，拓展利用不同层次的问题设计来展现不同层次的水平要求。

三是“综合”。在问题探究的情境中，五个历史核心素养的呈现与发展程度是融为一体、不可分割的。史料实证素养的水平表现与发展程度与其他四个素养的水平表现和发展程度汇总在一起，体现学生历史学科核心素养的总体程度。

（五）史料实证素养关键学习行为水平表现分析

对史料实证素养关键学习行为水平表现进行分层分析研究，能够对教学起到积极的导向作用，为帮助教师有针对性地开展教学提供抓手和标准。同时也为教师观察、评价学生在史料实证素养关键学习行为的表现提供了有效工具，改变了以往仅凭教师经验的推断的传统，一定程度上避免了历史结论偏于主观的问题。

学生的史料实证素养关键学习行为水平表现作为评定其学业水平的依据，与学科标准和要求密切相关，史料实证素养关键学习行为水平反映了学生在历史课程中的知识理解、思维方式、学科思想、学科经验和学科能力方面的具体变化，体现了他们的历史核心素养。这种“依据”表现为学生在解决具体问题时展现的重要学习行为，通过研究学生的史料实证素养关键学习行为水平表现，可以更好地理解、促进、观察和评估学生发展其史料实证素养，如表 2−2−2 所示。

表 2-2-2　史料实证素养关键学习行为水平表现

水平分层	质量描述	表现要点	关键学习行为
水平 1	能够区分史料的不同类型；在解答某一历史问题时能够尝试从多种渠道获取与该问题相关的史料；能够从所获得的史料中提取有关的信息	①知道史料有多种类型 ②能够在多渠道获取史料 ③能够从史料中提取有效的历史信息	举证：获取信息；认定史实
水平 2	能够认识不同类型的史料所具有的不同价值；理解史料在历史叙述中的基础作用；在对历史事实与现实问题进行论述的过程中，能够尝试运用史料作为证据论证自己的观点	①认识史料价值 ②掌握获取史料的基本方法 ③运用史料进行论述	例证：筛选整理举例论述
水平 3	在探究特定历史问题时能够对史料进行整理和辨析；能够利用不同类型史料，对所探究的问题进行互证，该问题做出更全面、丰富的解释	①自主搜集史料 ②整理和辨析史料，判断史料价值 ③利用不同类型的史料进行互证	互证：相互验证合理解释
水平 4	能够比较、分析不同来源不同观点的史料；能够在正确判断史料作者意图的基础上利用史料；在对历史和现实问题进行独立探究的过程中，能够恰当地运用史料对所探究问题进行论述	①比较分析史料 ②辨别史料作者的立场 ③恰当运用史料进行论述	辩证：辨别考证，建构历史评述

第三节　初中历史教学中史料实证素养的培养

一、培养学生史料实证素养的策略

历史学科核心素养包括唯物史观、时空观念、史料实证、历史解释和家国情怀。史料实证素养作为达成其他素养的必要途径，《义务教育历史课程标准（2022年版）》对其内涵的界定是“对获取的史料进行辨析，并运用可信的史料努力重现历史真实的态度与方法”。[①] 可以看出，史料实证素养要求学生能够辨别和分析史料，判断其真实性和重要性，并从中获得有效信息，培养学生的史料实证意识，从而使学生形成独立的历史见解。

① 刘昌平．历史洞鉴[M]．长春：吉林文史出版社，2021．

本节以人教版历史教科书《中国历史》（第二册）第7课《辽、西夏与北宋的并立》为例，就初中历史教学如何培养学生的史料实证素养进行初步的探讨。

（一）精选史料，提取有效信息

历史是无法改变的，学史者只能依靠已有的历史资料来了解过去。在进行历史研究和教授历史课程时，需要使用史料作为基础。历史资料可以以各种形式如文字史料、实物史料、音像影视史料、口述史料等方式来展示，但并非每一份历史资料都适合成为教学资料。一方面，由于课堂教学时间有限，教师需要在史料中做出选择；另一方面，由于初中生的认知水平和阅读水平等因素，一些文字史料对初中生而言可能过于深奥且难以理解，无法引起学生学习的热情，为了提高初中生的史料实证能力，教师先需要筛选并提取出合适的史料，以获取有用信息，提高初中历史课堂外教学效果。

历史教科书是学生学习历史课程的主要工具，需要编写者付出大量的努力和精力进行编写。版本较新的历史教科书，与之前的版本相比增加了不少多样化的史料，更符合教学的实际需求。以《中国历史》（第二册）中《辽、西夏和北宋的并立》为例，之前的历史教科书只提供了3个史料，包括一首诗歌、一份地图和一幅壁画。而新版本的历史教科书增加了不少史料。人教版历史教科书所选取的历史资料主要来自第一手史料，这使得其更为客观和具有代表性。此外，考虑到初中学生的阅读能力，教材没有选择过于复杂难以理解的文字史料。需要注意的是，历史教科书中的史料是经过精心筛选的，具有代表性和针对性，教师在进行教学时可以充分地利用这些史料，而不必费心去寻找其他史料。

教师可以根据实际教学需要，从权威学术著作、学术期刊等资源中寻找并选择其他相关历史资料，以丰富教科书的内容。《辽、西夏与北宋的并立》一课主要侧重于展现辽和西夏两个少数民族政权在经济和文化领域的情况，未涉及辽、西夏和宋之间的战争历史。教师有必要在课堂上引入更多相关史料，以充实三个政权战争历史方面的内容。比如，辽宋之战的关键因素燕云十六州（又称幽云十六州）至关重要，然而历史教科书中只是简单描述这片地区的情况，这会导致学生难以全面理解燕云十六州在战略上的重要性，以下是几个相关史料：

史料1：北限大山，重峦复岭，中有五关：居庸可以行大车，通转粮饷；松亭、金坡、古北口止通人马，不可行车。外有十八小路，尽兔径鸟道，止能通人，不可走马。

——许亢宗《宣和乙巳奉使金国行程录》

史料 2：雁门以北，幽州管内十六州，其地东北有卢龙塞，西北有居庸关，中国持此以界限北狄。

——李有棠《辽史纪事本末》

史料提供了更详细的信息，有助于学生理解幽云十六州在军事防御方面的重要性。史料中详细描绘了这一地区的险要地形，更加强调了其在军事战略上的重要性。借助以上附加的历史资料，学生可以更加全面地认识到燕云十六州曾长期处于少数民族政权的控制之下，对中原政权构成了严重的威胁；同时，也为教师讲述有关宋辽之和的重要内容——“澶渊之盟”的形成原因和意义做好了准备。

总的来说，历史教科书里的历史资料在初中历史课堂上扮演着至关重要的角色。此外，教师还应该通过多种途径搜集史料，以补充教材中的历史资料，从而确保呈现给学生的史料证据更加全面、完整、可信。

（二）设计问题，增强实证意识

问题是思维的起点，“凡思维发生作用的地方必定有问题的存在，必定有解决问题的需要。唯有问题存在的地方才能产生真正的思维”，“史料的价值取决于问题，也只有问题能让史料开口说话，透露历史的秘密。缺少问题，史料是没有生气的。”[①] 初中生在处理史料时可能会感到困惑，而设立一系列问题以引导他们思考史料内容，有助于引导他们进行思维发散，成为他们分析史料的起点，史料教学的成败在很大程度上取决于问题设计的质量。

在人教版历史教科书中，一些文字史料已经配有相关问题，但是图片史料却很少有相应的问题设计。教师在设计教学计划时需要补充问题设计和引导学生发散思维，以问题为起点提升学生的历史思维能力，引导他们深入研究历史。

通过设计问题，引导学生从实物图片中获取相关信息，以便让学生更深入地了解当时辽国契丹族和西夏党项族的生活方式。透过比较辽、西夏和宋的文字和货币，让学生认识到契丹族和党项族在发展过程中与汉族产生了密切联系并互相吸取了中原先进的生产技术和生活方式。他们成功地融合了游牧文化和农耕文化，推动了本民族的繁荣发展，并为多民族统一国家的形成奠定了基础。

另外，教师设计针对相关史料的问题时，需要逐步深入，并着重点落在使史料之间建立逻辑联系上，促使学生自主探索，通过解决问题来理解史料的含义。当学生遇到挑战时，他们通常会开始思考。当教师设计问题链时，应确保问题之间有逻辑联系，引导学生从简单理解逐步深入探究历史资料，帮助他们从情感认

① 郅庭瑾．为思维而教[M].3 版．北京：教育科学出版社，2022.

识历史向理性分析史料转变，培养学生重视史料实证的意识。

（三）探史明理，形成历史认识

历史是一门强调逻辑推理和严谨论证的人文社会科学，学生可以通过深入挖掘历史资料，寻求客观确凿的信息；通过审视历史文件并筛选符合实际情况的材料作为支持，以建构准确客观的历史认知。显而易见，教师引导学生探究史料相关问题的目的是协助学生通过分析史料，客观准确地理解历史事件，形成历史认识。

教师可以准备一些问题和任务，以引导学生对史料展开深入思考。学生可以通过合作探讨的方式，一起建立起对历史事件的初步认识。然而，只有将思维转化为言语或行动，才能真正形成历史认识。因此，老师可以根据课程的重要内容和难点，制订相关的探究性任务，帮助学生分析历史资料，并为学生创造一个展示其对历史认识的机会。历史学家长期以来就“澶渊之盟”有着不同的评议，这为学生们提供了广阔的讨论和思考空间，值得进一步深入探究。

历史学界对于“澶渊之盟”的看法存在着明显的两极分化，教师可以为学生提供史料阅读卡以供参考。史料阅读卡涵盖了澶渊之盟的具体条款、辽宋时期的经济状况、宋代人对该盟约的看法，以及现代历史学家对此盟约的观点，学生可以运用史料阅读卡中所提供的证据来支持他们对历史事件的看法。教师可以鼓励学生在课堂上进行合作讨论，要求每个小组选出一名代表发言，并让其他同学将自己的看法和理由记在笔记本上。这样的教学方法为学生提供了一个平台，使他们能够自主研究历史资料并阐述他们对历史的观点。这样，学生们可以借助讨论和发言，最终将他们的思维过程呈现在书面上。

教师可以通过布置课后作业来使学生对历史产生更深的思考和理解，课后作业的种类更加广泛，学生的表现方式也更加多样化。这有助于激励学生积极探索历史资料，进行深入分析，并以独具特色的方式呈现他们对历史的认识，锻炼其历史研究技能。

在初中历史教学中，培养学生对史料实证的运用能力至关重要，对中学生的历史学科基本素养有着重要影响。在初中历史课堂上，需要学生依次进行史料筛选、问题提出和构建理解，以培养他们的历史文献分析能力。这三个步骤相互关联紧密，需要同时进行。只有在专注于有意识地研究历史资料、设计问题导向的教学活动，并重视促进学生认知发展时，教师才能真正理解和运用史料实证的教学方法。这可以扩展学生对历史的理解范围，培养他们的历史思考能力，逐步提升学生在历史核心素养方面的水平。

二、培养学生史料实证素养的注意事项

明确培养学生史料实证素养的策略后，教师也需要关注培养学生史料实证素养的注意事项。

（一）避免给学生施加过大的学习压力

在培养学生史料实证素养的过程中教师应该致力于减轻学生的学习负担，以帮助学生提高历史研究的能力。比如，教师可以根据课程重点和难点，同时考虑学生的兴趣，设计一个任务要求学生收集历史资料。这样就不用每堂历史课都布置作业，从而减轻学生的学习压力。此外，教师需要精心选择合适的时间和频率来组织各种综合活动，以培养学生的史料实证能力，并提高他们对历史学习的积极性。

（二）适当为学生搭建史料分析支架

在初中历史课堂上，教师会注意到一些学生在分析历史文献方面存在一定的不足。在这种情况下，教师应该避免仅仅传授历史知识或让学生自行阅读历史资料，而是应该在适当时候给予支持，适当为学生搭建史料分析支架，引导学生展开深入思考。教师可以通过提问、展示图片、用简单的绘画，以及给学生下达任务来引导他们学习如何分析历史资料。学生可以借助辅助工具来指导他们研究历史资料时的方向，并在分析这些历史资料时获得经验。随着学生对历史资料处理的水平逐渐提升，教师可以逐渐减少指导，鼓励学生独立分析史料，这将为他们高中阶段的历史学习奠定坚实基础。

在初中历史教学中，教师应该认识到培养学生史料实证能力的重要性，尝试使用不同方式提升学生的史料实证水平，帮助他们更有效、更愉快地学习历史，以提升学生的史料实证能力。

三、培养学生史料实证素养的能力要求

历史的过往隐藏在各种不同的史料之中，后人对历史的认识，需要用史料进行论证，这是学习历史最基本的方法，也是历史教学中能力培养的重要目标之一。史料是学史者形成历史认识的依据，历史学家借助史料和逻辑方法，按图索骥，层层推演，再现历史的真相。史料解读能力和历史推论能力是培养史料实证素养

所需要的关键能力，义务教育历史课程标准明确了中学生需要掌握多种渠道获取历史资料、解释历史、处理历史信息的能力，了解多种历史呈现方式如文字、图片、实物、口述以及甄别时序与地域、原因与结果、动机与后果、延续与变迁、联系与综合、理解和判断的思维方法。

通过使用集证辩据论证方法，可以区分证据的有效性和可信度，从而区分对历史事实的客观呈现和主观理解。获取历史资料的基本途径包括对实物史料、文字史料和口述史料等信息进行检索和调查；正确理解文学作品中所包含的历史信息，并准确地吸收和整合其中的重要内容；区分原始料和衍生史料的不同之处，有效提取和整合核心信息。通过比较和对比，找出历史事件中重要或显著特征之间的相似点与不同点。通过观察历史事实的描述和解释来揭示人们的情感、态度和价值观。科技的先进水平和人能否正确运用科技，对于利用现代科技手段进行考古研究所得信息的可信性和准确性起着关键作用。史料所针对的对象和问题的不同，史料的准确性和可靠性也会有所差异。各种史料在历史研究中具有不同的重要性，学生需要学会区分有意历史信息和无意历史信息，以获取其中有价值的历史资料。

诠释评价解释的视角与视野主要运用辩证法、考虑评价事件的不同视角，包括评价者自身的观点、事件本身的意义，以及相关文明成果的视角。在评估历史结论时，应该多质疑他人的看法并进行反思。通过对历史事实的联系和对比，考虑背景、条件、原因和结果等因素，从而深入理解事件。分析评价历史人物可以从其所处的时代背景、社会地位、文化环境和思想观念等多个层面对历史人物进行解读。对历史事件进行综合评价，要考虑其所处的时代背景、自然环境条件、文化传统以及社会生活等因素。在对优秀文明成就进行评价时，可以从其基本特征和主要贡献出发，并通过一定的历史事实、史料或观点来质疑具有明显缺陷的历史叙述或历史解释。通过比较和总结基本历史事实和相关问题，可以联系和区分不同概念，例如，量的变化和质的变化，主观和客观之间的区别或联系。教师要通过考察历史人物的政治、经济、文化背景，以及其在社会中的地位、观念和遭遇等因素，来阐述并评价这些历史人物。对历史事件进行多角度分析和评价，包括从经济、政治、文化、社会等角度探讨历史事件。从创意和社会影响的角度，探讨并评价优质文化成就，对有疑问的观点或评价进行质疑或反驳。基于确凿的历史事实、史料或角度，通过核实史料的真实性和可信度，审视其逻辑的合理性，审查自身历史认识和问题解决方法的准确性。

基于上述情况，通过史料进行史实推断需要具备五个能力：提取史料信息的能力、进行逻辑推理的能力、合理再现历史的能力、进行史料关联与构建证据链条的能力。

（一）史料信息提取的能力

培养史料信息提取的能力，首先，需要对史料进行分析和理解，这是历史教学中最基本的资料处理步骤。通过研读史料，学生可以更深入地了解历史事件和历史人物，同时增强对历史的认识和体验，从而更加贴近历史。

利用史料教学的第一步是读懂史料，中国古代和近代史的史料大部分是文言文，所以理解和研究的前提是粗通文字，理解大意。比如，教师讲授郡县制时可以用《史记》中的文字史料："廷尉李斯议曰：'周文武所封子弟同姓甚众，然后属疏远，相攻击如仇雠，诸侯更相诛伐，周天子弗能禁止。今海内赖陛下神灵一统，皆为郡县，诸子功臣以公赋税重赏赐之，甚足易制。天下无异意，则安宁之术也。置诸侯不便。'"[①] 这就需要学生理解此段文字的大意，从而知道李斯建议实施郡县制的缘由，以及秦始皇采用郡县制的目的。第二步是拓展阅读面，教师可利用多媒体技术，或者将重要的文字史料印发给学生，让大家一起阅读，适当地对学生加以点拨进而引发讨论。

其次，要对史料进行理解和分析，这一部分内容在史料教学中扮演着至关重要的角色。它鼓励学生运用他们的历史知识，对史料进行深入的综合分析，并根据分析结果得出正确的历史结论。

最后，对史料进行全面考察和综合评估，这种方式涉及在理解史料的基础上，利用史料进行教学，以提高学生比较、总结和归纳史料的能力。通过综合考察历史教科书中关于太平天国的评价以及马克思对太平天国的看法，学生可以得出对该组织全面客观的评价，能够承认太平天国的积极作用，同时也能够理解其负面影响，并从社会发展的角度评价该团体。通过将初中学生对全球发展趋势的认识和他们对中国近现代历史发展趋势的认识相结合，帮助他们培养分析历史问题时的综合思考能力。

引导学生关注历史教材书中的表述，教会学生阅读文字史料的方法，即正确地分析史料，提炼观点，从整体上把握史料，从史料中获取准确的信息，从史料中提取信息有三个要求：

第一，任何文字史料必然有其特定的时空背景和来源，在提取关键信息时聚焦文字史料所表述的时空信息和切入角度是最基本的方法。如文字史料的作者是

① 李绍平．史记（精读本）[M]．长沙：岳麓书社，2021．

谁？有何身份？该材料形成于何时？出自何处？有什么特殊的时代背景？尤其是针对诠释评价类的文字史料，能否运用所学的历史知识率先对这类文字史料进行时空和角色分析是学生能否准确解读史料的前提。

第二，重点分析是全面深入解读文字史料的关键，对有效字词的查找与信息提取是最基本的方法。教师应帮助学生准确地掌握在史料中寻找并重点解读关键词的方法，包括反映基本史实的字词，如时间、地点、人物、事件等历史信息；表达史论观点的评价性语句；能够与其他产生联系、比较的引申部分等。

第三，对文字史料的全面深入解读必须从整体出发，不应局限于史料本身的叙述，而是将其置于更大的历史时代背景中去理解，教师要让学生学会对文字史料进行整理和辨析，学生需要比较和分析不同来源、不同观点的史料，能够在辨别史料作者意图的基础上利用史料论证来得出观点，做到史论结合、论从史出。

（二）基于史料的逻辑推测能力

历史是一门重视逻辑推断和严谨推理的实证性人文社会科学，研究历史时，重在追求真相和客观性，依托史料进行分析和辨别，以符合史实的材料作为证据，从而确立正确的历史认知。研究历史需要具备逻辑推测能力，遵循“史料证明问题”和“论述基于历史”原则。

历史研究需要根据史料进行推理，而非直接观察就能进行推理。所有历史知识都是通过间接途径获取的，因此历史学可以被视为一门推理科学，其方法实际上是一种间接推理的过程。猜测，就是基于已知信息来合理推断未知信息，历史是通过对已知史料信息的解读和解释而得出的。

通过结合已知历史资料和已知，对未知历史进行推测是有合理性的。在进行逻辑推测时，必须依据可靠的历史文献（证据）。

例如，新疆和田出土了三件《兰亭序》抄本，考古学家据此推测：在唐代，《兰亭序》已经作为练习书法的习字本在民间流传，不排除这些抄本是当地少数民族所写。这就是历史认知中的合理推测。当然，这些逻辑推测是否能成立还需要更多的证据去证明。如果历史教师仔细地观察历史文本中的措辞，不难发现，推测的合理性也取决于用词的准确性。

又例如，迄今为止，最古老的人类化石和石器多数出土在非洲，据此，科学家认为，非洲大陆可能是人类最早的起源地之一。宏伟壮观的金字塔是世界建筑史上的奇迹，它证明了古埃及高超的建筑技术和数学水平；《汉穆拉比法典》原文刻在黑色玄武岩石柱上，石柱上端的浮雕反映出古巴比伦王国“君权神授”的观念；阿尔塔米拉山洞穴壁画透露出史前人类对动物的了解程度及其相互的关系。

推测历史是基于历史不可重演的客观现实与人类意图解释历史发展的主观愿望而采取的认知历史的手段，充分的史料依据是做出逻辑推测的必要条件。

（三）着眼再现的合理想象能力

《现代汉语词典》给予想象的定义是“对于不在眼前的事物想出它的形象”。它可以分为以下两类：第一，如果想出来的形象是从未有过的，属于创造想象；第二，如果想出来的形象是曾经有过的，则属于再造想象。创造想象实质是发明；再造想象实质是还原和重现。两者既有共同之处又有区别，而历史想象属再造想象。

历史包罗万象、纷繁复杂，虽然历史记载汗牛充栋，但在探讨具体问题时依然会遇到史料不足的情况，如何去编织连续的、立体的、完美的“过去的画面”？怎样去构建真实地、客观地的历史，如果说逻辑推测是基于从史料到结论的必然性，要求学史者置身于外做出冷静分析与科学判定。那么，通过合理想象，教师与学生可以在推测的基础上得出结论，这需要他们深入思考并设身处地地思考过去的情境，以此做出合理的推断和判断。这种方法将冒险假设和谨慎验证有机地结合起来，使想象历史研究的一种有效工具。历史想象的主要作用在于弥补历史事件之间的间隙和联系的缺失，这样才能确保叙述的连贯性、完整性和充分性，没有想象力，历史学将无法存在。

学生独立思考能力的提升是建立在学生原有知识经验基础上的，教师引导学生进行历史想象、思考探究的过程，正是落实史料实证素养的关键。合理想象是一种融合了图像思维、逻辑推测和创造性思维的复杂历史思考方式，学习和研究历史需要运用想象力，同时培养学生的史料实证素养也需要运用想象力。教师在教学中需要注意，历史合理想象的关键在于“合理的想象”是在依据现有史料的基础上，对某些情节进行一定的合理想象，但不能违背基本的历史事实。

通过研究历史事件和概念，学生可以通过分析、综合和推理等方法来了解人类历史的发展过程。有时情感上的历史想象也能够建立在理性推断的基础上进行。例如，教师在讲述史前时期相关内容时，向学生展示了这样一段材料：“在北京人居住的洞穴中，由上到下发现有四层面积较大面目较厚的灰烬层。最上的灰烬层位于一块巨大石灰岩块之上。这块巨大的岩块上，留有两大堆灰烬。”然后，请同学们针对这样的一段材料想象一下北京人的生产生活状况。

学生看到这样一个题目先是惊愕，继而展开了激烈的讨论，经过一番唇枪舌剑，学生基本形成了较为一致的看法：有成堆的灰烬，不仅说明北京人曾经利用石灰岩当作地板居住过，且由于灰烬成堆，没向四周蔓延，才能说明北京人已具备保存、管理火种的能力。甚至，学生还有很多的具体的描述：在史前时期的某一天，在今天北京周口店的山洞里，一群原始人类自由自在地生活着，突然天空阴云密布，下起了瓢泼大雨，一道闪电划过天空，将原始人群生活区域的一棵大树劈成了两半，伴随着雨势的逐渐减弱，大树开始燃烧起来。大雨过后，在燃烧的大树旁边，原始人群发现了一具被烧焦的野狼尸体，饥饿的原始北京人顾不得许多，纷纷抓着已经烤熟的狼肉吃了起来，他们突然发现，用火烤过的肉类食物，远比生食要好吃得多，于是他们想方设法地开始保存火种。

历史事实是不是这个样子的，现代人已无从考证。但是学生描述的场景基本上是在一定的历史现象之上的合理想象。这样的想象，不仅让学生掌握了基本的历史学知识，也能够帮助学生养成在一定历史现象基础上做出合理推断的能力。

在历史教学中，历史教师也可以通过场景展示，使学生穿越时间隧道，亲身感受真实的历史，从而提升学生的学习兴趣，加深他们对历史的理解。例如，讲述甲午中日战争时，教师可以展示这样一段材料："当时，致远号被日舰击中，军舰上的炮弹也打光了，邓世昌下令致远号向日本的旗舰吉野号撞去，两舰距离 50 米左右的时候，致远号不幸被日本的鱼雷击沉了"。然后，请学生就这段材料写一段小故事，学生写出来的故事都非常的感人，有一位同学是这样写的："1894 年 7 月 15 日，注定是一个值得所有中国人铭记的日子。近代历史上第一次大规模的现代化的海战在中日之间爆发了，从中午十二点到下午十五点三十分邓世昌所带领的致远号已经奋战了近 4 个小时，炮弹都打光了，致远号的舰身也被日舰打坏了多处，舰体开始逐渐下沉。看到这样的场景，邓世昌把全体官兵召集到甲板上，他说：大清国勇敢的士兵们，炮弹我们已经没有了，现在是国家需要我们尽忠的时候了，敌人的吉野号是他们的旗舰，现在就在我们的旁边，我决定开足马力撞沉吉野号，勇士们的想法呢？虽然是询问，但是邓世昌知道，他的兵没有一个是孬种。果然甲板上一片寂静，战士们视死如归的眼神已经表明了他们的选择。几分钟后，致远号开足了马力向吉野号撞去……就在战舰即将撞沉吉野号的同时，由于距离太近，致远号没有躲开吉野号发射的最后的两枚鱼雷，致远号沉没了！邓世昌身负重伤落水后，他的爱犬拼命地想要把主人带离逐渐沉没的致远号，邓世昌拼尽了最后的气力，死死抱着他的爱犬一同沉入了涛涛的黄海之中……"

真实的历史是不是这样的先不论，学生想象出的小故事体现了浓浓的家国情怀，让人动容。这种小故事在某种程度上填补了历史叙事的缺失和断裂，使叙述更连贯完整，让历史更加生动具体。在教学中加入历史想象时，历史教师应该先关注历史的具体细节进行想象，并强调确保历史想象的合理性，以增强历史的可信度。同时，教师需要帮助学生区分现实历史和虚构历史，并引导他们关注这两者之间的联系和差异。只有将历史想象融入历史教学中，才能有效地提高教学效果。

（四）史料的联系与比较能力

历史是错综复杂的，其中的时间、地域和人物相互关联，如果没有对不同要素进行联系与比较，就不足以完整展示历史的复杂面貌，同时也无法突显它们各自的特点。在进行历史研究时，通常需要将多个历史资料进行联系和比较，以相互验证和互相支持。对历史资料的比较有两种方法；一是从时间顺序的角度来看，提供了两个相关的历史资料，通过比较来揭示变化；二是横向比较，即比较同一主题的两则相关但不同的史料，以揭示作者的主观立场和时代背景，从而培养学生的批判性思维。

比如，在讲述日军发动九一八事变后国民党的“不抵抗政策”时教师可展示以下一系列史料进行互证：

史料一：不准抵抗，不准动，把枪放到库房里，挺着死，大家成仁，为国牺牲！

——荣臻（时任东北边防军中将参谋长）

史料二：无论日本军队此后如何在东北寻衅，我方应予不抵抗，力避冲突……

——洪钫（时任张学良秘书处主任）

史料三：采取不抵抗政策，竭力退让，避免冲突，千万不要逞一时之愤，置国家民族于不顾，希转公务遵照执行。

——赵镇藩回忆蒋介石电报内容

教师可设问如下：凭借两位亲历者与一位当事人的回忆，能够坐实“蒋介石向东北军下了不抵抗的命令”的事实吗？接着，教师再展示材料四。

史料四：本应和他们一拼，不过日军不仅一个连队，它全国的兵力可以源源而来，绝非我一个人及东北一隅之力所能应付……我们避免冲突，不予抵抗……勿使事态扩大，以免兵连祸结，波及全国。

——1931 年 9 月 18 日张学良召集北平市东北军高级将领会议纪要（节选）

材料五：对于日人，无论其如何寻事，我方务万方容忍，不可与之反抗，致酿事端。即希迅速密令各属切实注意为要。

——张学良 1931 年 9 月 6 日给荣臻的电报

材料六：当时中央给我的指示是，相应处理。不抵抗的命令是我下的，我承认那时判断错误。

——1990 年 12 月 9 日张学良接受日本 NHK 电视台记者采访

教师通过对张学良于“九一八事变”当晚召开会议的会议纪要、事变前与东北军高级将领的电文及其晚年的回忆的展示，在对比史料信度的过程中，对“疑而后信”的思想方法进行补充，从而使学生对求证历史事件真相的方法有所了解。

（五）证据链条形成的能力

“治史如断案”[①]，西方历史学家认为，研究历史和法官审理案件有很多共同之处，都需要建立完整的证据链条。在这个过程中，无论是解读单个历史记录，还是对比多个历史记录、无论运用逻辑推理，还是进行想象性的插入，都是历史研究中的一个环节。这一连续的思维过程就像是一条河流，历史研究的思维也如同沿着这条河流流淌，最终汇聚到历史结论处，而不是四处漫溢。形成证据链条是展现史料证据的综合表现。通常情况下，构建历史研究证据链条需要符合三个要求：第一，必须具备足够数量且相关性强、具有证明价值的史料证据，通常不止一份；第二，逻辑推测，通过不同的推测方式，证据和史料可能指向同一结论；第三，史料之间相互证实，呈现一致性和协调性。

真实的历史比小说更加精彩，历史学则比人类所能够感受到的社会还要复杂。作为历史学重要的核心素养，史料实证对学史者的要求不仅是掌握多种史料分析和处理的方法，更为关键的是要培养一种尊重历史，追求真实的精神。

四、培养学生史料实证素养的意义

（一）帮助学生有效学习历史

历史是客观存在的现实。学生在研究历史时，需要仔细阅读大量史料，并对这些史料进行分析、辨别、领悟和运用，以便全面把握历史事件的全貌。学生能够熟练地分析历史文献，并能够有针对性地评价其中的信息，从而展开批判性思考，有助于揭示历史的真相。通过培养学生的史料实证素养，增强学生对史料的

① 李军．基于核心素养的高中历史教学问题研究 [M]. 北京：华文出版社，2022.

领悟能力，可以有效地提升他们学习历史的兴趣，让学生从历史事件中汲取有益的经验教训，对他们以后的学生生活具有一定指导意义。

（二）培养学生的自主探究能力

在培养学生史料实证素养的时候，教师应该尊重学生的自主精神，培养学生的自主探究能力，让他们有机会自己进行独立调查和研究，围绕他们感兴趣的课题或问题展开学习。学生已经掌握了解读史料的技能，在深入分析课堂上提供的历史资料的同时，他们也有可能开始主动积累额外的史料。

（三）提高学生的中考成绩

近期的中考题目表明，考题侧重检验学生对历史文献的证据分析能力。学生们应该应用试卷上提供的历史资料，并结合他们已学知识，深入探讨历史事件并回答相应问题。在初中历史课堂上，教师在培养学生史料实证素养时，应该鼓励学生提高他们的历史资料分析能力，以帮助他们提高中考成绩。

第三章　史料实证素养与初中历史教学设计

本章为史料实证素养与初中历史教学设计，分别介绍了分类教学设计、分层教学设计。

第一节　分类教学设计

根据日常教学需要，教师经常会采用的史料有文字史料、音像影视史料等。本节内容就这两种史料类型的运用，举例说明如何培养学生史料实证的素养。

一、基于文字史料的实证教学

（一）文字史料

文字史料是指用文字的形式体现和保存下来的人类活动记录，在各类史料中，文字史料是数量最多、涉及范围最广、内容最丰富，是史料中最重要的部分。文字史料的表达方式比起口述史料更加固定、容量更大、保持原状的时间更长，比起实物史料更为具体、更容易理解。但是文字史料一定程度上带有主观性并且容易有疏漏，所以文字史料不一定能完全真实地、客观地、全面地反映历史。

（二）基于文字史料的实证教学的具体内容

1. 利用观点相左的文字史料

文字史料在各类史料中数量最多、包罗方面最广、内容最丰富，在历史教学的过程中应当高度重视、充分利用文字史料。因此，历史教师在历史课堂教学中所选取的史料应是多样性的、多角度的。历史教师要通过不同角度地探究问题，在充分的史料证据的基础上展开合理的历史推测和想象，论证历史结论，确保论从史出。在文字史料中，无论是官方文件或私人文件都会带有主观性。由于不同的立场、不同的视角以及不同的时代背景，不同的历史学家对同一历史事件会有不同的记叙和评价。利用不同历史学家对同一事件、人物的记述，创设冲突的观点，从质疑入手，辨析史料，通过分析比较不同来源、不同观点的史料，形成反证，引发学生的思维冲突，从而使学生学会发现问题并解决问题。

教师可以通过层层设问创设历史情境、运用文字史料，教师利用不同的观点史料，通过创设情境—提出问题—探究问题—学生自主形成观点—学生自主补充文字材料佐证自己的观点，层层相扣，对同一事件，教师提供各种不一致的史料，学生要判断出这些史料不一致的所在，他们可以通过具体的日期、人名等对史料进行判断。“当学生接触到这些不一致时，就能够更加注意到诸如口气、态度等。教师可以要求学生解释和调解不一致之处，这样，学生或许会运用材料提出一种历史的说法”①，形成自己的看法，并运用史料进一步证明自己的观点。从而“能够在探究特定历史问题时，自主地搜集有关史料；能够比较、分析不同来源、不同观点的史料；能够在辨别史料作者意图的基础上利用史料；在评述历史时，能够对材料进行适当的取舍”②，这种教学方法有助于培养学生的历史思维。

2. 借助细节性文字史料

教师选择文字史料时，还应注重其细节性。长期以来，历史教科书大都只提供结论性语言，教学内容略显枯燥，学生很难对历史概念、历史事件进行透彻理解。而“细节往往是具体的、形象的，可以使已经逝去了的历史重现出有血有肉、有声有色的原状，使学生感受到历史的真实。细节往往又是典型的、有特色的，可以以小见大，于细微处见精神，使学生更真切地了解和认识所学的史事”③。所以，借助史料的细节，可以使历史人物形象丰满，使历史事件具体，可以让学生更好地了解历史的真相，从而培养学生的史料实证的素养。

3. 运用多则史料排序

文字史料是数量最多的史料，学史者在进行研究时，面对的往往也是散乱和零碎的史料。教师应通过向学生提供丰富的文字史料，激励他们自主识别、整合、分析和解释这些文字史料，引导他们展开逻辑推理和详尽论证，以深入研究历史事件的因果关系，培养他们具备像历史学家一样探讨历史问题的能力，并提升学生对史料实证的理解和认识。

4. 辨析多则文字史料

验证史料的一个关键方面是整理和分析史料，利用这些史料相互验证，以便

① 洛马斯．论史料教学[J]．叶小兵，译．历史教学．1998（2）：22–24．

② 徐蓝，朱汉国．普通高中历史课程标准（2017年版）解读[M]．北京：高等教育出版社，2018．

③ 叶小兵．细节的重要[J]．历史教学，2005（9）：56–57．

为探究特定历史问题提供更全面丰富的解释。因此，教师在利用文字史料进行教学设计时，可以利用多则文字史料，要求学生通过对文字史料的辨析，形成自己的观点，并能从这文字史料中选取有效史料来说明自己的观点。

5. 挖掘文学作品史料

对于文字史料，不同的历史学家有不同的分类。朱煜在《论史料教学》中将教学使用的文字史料细分为原始史料、撰述史料、文艺史料三种。何成刚在《智慧课堂：史料教学中的方法与策略》中把文字资料分为两种，即文献资料和文艺史料。文艺史料指文学作品，如涉及历史题材的小说、诗词、剧本、游记以及各种其他体裁的文学作品，包括歌词、谚语、对联等。由此可见，文学作品也是文字史料之一。

翦伯赞说："中国文献学上的史料之丰富，正如一座无尽的矿山，其中蕴藏着不可计数的宝物。……例如史部以外之群书上的史料，特别是历代以来文艺作品中的史料，并没有系统地发掘出来，应用于历史的说明。"① 齐世荣也曾表示，在文艺作品中，诗词歌赋、小说戏剧都含有丰富的史料内容。小说戏剧虽是虚构，但能反映一个历史时期的社会全貌或一部分，提供了许多"正史"中没有的细节，对于深入理解历史，是十分有用的。例如，随着文学的世俗化，明清时期小说开始繁荣，明清小说也反映了这一时期的思想文化变化。

将文学作品史料运用到历史教学中，可以提升学生的学习兴趣，使枯燥抽象的历史表述具体化、形象化，从而更好地还原历史。但是文学作品史料不同于一般的史料，它更多的是通过隐喻的方式或夸张的手法来展现或揭示一个历史时期社会发展中的问题，反映一个历史时期的社会全貌或一部分道德标准、风气习惯等。所以，教师在使用文学作品史料时要进行分析，既要挖掘小说等文学作品所反映的历史史实，发挥其证史功能，又要注意与其他类型的史料进行互证。

此外，教师还可以通过文学作品史料与文字史料对同一历史事件描述的不同创设问题，让学生对史料进行甄别、分析，去伪存真，理解不同类型的史料具有不同的价值，这些都有利于培养学生的批判性思维。

教师需要引导学生认识到历史研究中各种类型的史料具有不同的重要性和地位。一般来说，历史学界普遍认为官方文献和学术性历史著作比文学作品更具可信度和可靠性。小说可以被视为对特定时代社会生活的反映，是历史的镜像，可以展现特定时期社会发展的重要问题并揭示社会变化的深层内涵。文学作品通常具有一定程度的虚构性，因此在将其视作历史资料时需谨慎处理。另外，对比《三

① 翦伯赞．史料与史学[M]．北京：北京出版社，2011．

国志》及裴松之注《三国志》可以看出，文字史料也不一定是完全真实的，文字史料也会受到当时统治者的影响，“而所谓正史，几乎都是历代政府监督之下写成的，至少也是经过政府的审查，认为合法的。虽然大部分正史，都是后代编前代之事，但其为根据的史料，则系前代的实录及官书。此种实录及官书，皆成于当代人之手。以当代之人，记录当代之事，当然不允许暴露当时社会的黑暗，特别是统治阶级的罪恶，否则就要遇到危险”①。所以，无论是对史书类的文字史料还是对文学作品史料，教师都要结合其时代背景、查找资料，运用质疑、鉴别、分析的思维方法验证这些史料，做到去伪存真。

（三）基于文字史料的实证教学的注意事项

1. 使用经典文字史料，切忌断章取义

在教学设计中，教师要先对史料进行挑选，寻找经典的、适当的、可信的文字史料。在教学过程中使用经典的文字史料，能更好地还原当时的历史原貌。

教师在通过教学设计，引导学生在对历史和现实问题进行探究的过程中，要恰当地运用史料对所探究的问题进行论述，从而得出历史对现实的启示。

教师进行教学设计的第一步，是对史料进行搜集、整理和辨析。但是，在整理的过程中，不能对文字史料进行过分的改写和编辑。因为，过分的改写和编辑可能会使学生得到歪曲了的史料，从而影响他们的历史学习效果。

2. 运用实物史料，弥补文字史料局限性

文字史料是历史研究的主要参考，但文字史料也具有一定的局限性，如主观性较强，有记录失实、被篡改的可能性，还有很多史料在流传过程中佚失、出现错误等。实物史料则可以在一定程度上弥补文字史料的不足，实物史料是指那些可以明确反映和传递历史信息的物体，如文物、遗址等。西方史学家马克·布洛赫（Marc Bloch）把史料分成有意史料和无意史料两大类，实物史料就是无意史料。史料相互佐证是获取可信历史结论的重要准则之一，通过对多种来源的历史资料进行验证，特别是结合书面文字史料和考古发现的实物史料，指导学生采集并应用二重证据法甚至多重证据法来整理和分析史料，以辨认真实与虚假，通过相互验证的材料来认识和解释历史，有助于弥补单一类型史料的不足。

例如，在讲到秦朝君主专制的加强时，历史教师可以用睡虎地秦简来进行实物史料与文字史料的互证。秦始皇重视运用法律加强对官吏的控制。陆威仪认为一书中指出，从睡虎地秦简可以很明显地看出，法律集中在皇帝对官吏的控制方

① 翦伯赞．史料与史学[M]．北京：北京出版社，2011．

面，对普通人的控制则居于次要的地位。在这些文书中，被当时《秦律十八种》的编者最早集中使用的部分几乎都是关于官吏行为的法律、记录档案的准则、考核官员的方法。

3. 选用适合学情的文字史料

对不同学情、不同学段的学生，应使用不同形式的史料，有学者把使用史料分为四个水平：

第一，在最低的水平上，用简化了的语言、句式、语法、词汇对史料进行大量编辑和改写，删除所有无关的内容。

第二，对不必要的史料做一些删减，并用一些现代语言对史料进行翻译和转述。

第三，为使史料脱离原始状况而对史料进行抄录。

第四，处理原始状况下的史料。这在正常的教学过程中不大可能出现，因此教师要特别注意向学生提供结构合适的史料，这就是要提供史料的具体范围，联系其他的史料，提供史料出处及指出该史料的重要性。

二、基于影像史料的实证教学

（一）音像影视史料

音像影视史料内容广泛，包括画像、雕塑、摄影照片、电影和电视画面、漫画、地图等可视化艺术品。音像影视史料可被分为动态和静态两大类，长久以来，音像影视资料通常被视为文字资料的次要支撑，常被边缘化对待。在历史教育中应用音像影视史料能够让历史更具活力和趣味，有利于增进学生的学习热情，但这只是对音像影视史料的表面运用。可知，音像影视史料不能只限于充当活跃课堂气氛、增加学习兴趣的“调味剂”，教师还应该以研究性的观念，培养学生的历史思维，更好地发挥音像影视史料的史料实证作用。

（二）基于音像影视史料的实证教学的具体内容

1. 辨别真伪，利用可信的音像影视史料作为实证工具

辨别真伪是使用所有史料的前提，真实可信的音像影视史料是研究历史的“感知和生活的证据”[①]。可是，随着科技的进步，音像影视史料的造假可能性在不断增大。刘易斯·海因（Lewis Hine）说：“虽然照片不会撒谎，但撒谎者却可

① 伯克．图像证史[M].2 版．杨豫，译．北京：北京大学出版社，2008.

能去拍照。”① 因此，就算是写实性很强的摄影，也有可能为了某种需要而专门设定位置表情以及背景。比如，德国皇帝威廉二世的左臂天生残疾，因此他的照片大都是侧着身子，一眼看到的总是右手，拿佩剑或拐杖的则总是戴着手套的左手。

但是，这并不妨碍历史学家认同那些音像影视史料的研究价值。因为，从另一个层面上看，只要是当时留下来的真实音像影视史料，就可以将其中人物的穿着、体态和举止等作为研究当时物质文化的参考。同时，艺术性的音像影视史料有其传统的表达手法，它既要遵循内部发展的轨迹，又要对外部世界做出反应。教师可以通过观察音像影视史料中的背景设定、人物表情或动作，来推测其作者的意图以及音像影视史料传达了何种情感，并以此作为了解其作者内心世界和特点的线索。换句话说，只要是真实展现过去情况的音像影视，就可以被视为可靠的历史资料，并作为教学中的实例证据。

一般情况下，一线中学教师，无论是学术水平、专业考证能力以及手头掌握的史料数量，都无法与历史学家和考古专家相比，再加上中学教学的事务烦琐，中学教师往往无力去进行专业的史料考证研究。所以，在课堂上应该选择学术界公认的已经确定其真实可信的音像影视史料。

哪些是基本确认为可信的音像影视史料呢？第一，历史考试中所采用的图像素材。高考试题选用的图片经过精挑细选，可以毫无保留地用于教学。第二，权威历史著作中的插画。权威著作是在国内外学术界被认可为具有高水准学术价值的代表性作品，历史学家在撰写历史著作时，通常会进行深入思考和详尽考证后，才会插入相关插图。第四，历史教科书中用到的音像影视史料、学术专业人员经过考证整理后制作的专门用途的音像影视史料。

例如，对于文艺复兴时期的人文精神内涵，不能只简单流于教材中的文字表述，文艺复兴时期的艺术作品也可以作为当时精神领域的见证。通过基于音像影视史料的实证教学。更有利于帮助学生了解那个历史时期人们的集体感受。可见，影像作为历史证据时，其物质的或表面的形象为自我或他者的精神或隐喻的“形象”提供了极好的证据，更有利于学生观察和直面历史，见证用文字无法表达的东西。

2. 追根溯源，挖掘伪造音像影视史料的丰富信息

对待任何音像影视史料，教师要先辨别真伪，如果史料真实，那么它反映的历史人物及其历史事件、历史现象就可以直接作为证据进行历史研究。那么，伪

① 刘允东．史前时期海岱地区的艺术与文化[M]. 济南：山东大学出版社，2015.

造的音像影视史料就没有证史价值了吗？其实，伪造背后的历史缘由和伪造本身所引发的社会现象，也具有证史价值。立足于哲学的高度，所谓“伪造的历史也是历史”[①]。哪些人在篡改历史？人们为何会相信虚构的历史呢？为什么有些人明明知道这种欺骗行为，却为何选择保持沉默不说呢？这些事实本质上构成了历史的一部分。因此，在解读音像影视史料时，单单从可信的角度去理解其中所呈现的历史人物、历史现象以及时代风貌等方面是不够的。

特别说明，此处的伪造不包括后世的赝品，主要是指当时的人对音像影视史料进行造假，编造出完全违背当时事实的影像。

伪造的音像影视史料可以反映造假者本身的价值取向，甚至当时的社会心态。如果学史者从造假者、受众、造假内容的受益者等角度去分析，就不难发现其中丰富的证史内涵。

音像影视史料的内容不仅取决于它的作者，也取决于它的受众。在这些史料的创作过程中，作者有可能会对这些史料进行一定夸大或者隐瞒，以达到一定的目的。因此，利用音像影视史料进行史料实证的时候，不能仅仅纠结于其本身所承载的内容，而是要从其创作的时间及时代作者的身份和立场等方面思考作者是在何种背景下，基于什么样的意图，包括情感、态度、立场及价值取向等创作这些画像的？这种作者视角和社会视角可以帮助有效学史者了解音像影视史料能够作为历史证据的本质。

3. 巧设问题，寻求利用音像影视史料进行实证的路径

要用好音像影视史料，还需要契合好的问题，这包括教师在选取史料时的自我设问，以及运用史料面向学生的提问。教师的自我设问是其自身史料实证素养的体现，可以为培养学生史料实证素养做好示范。

在讲述改革开放的历史时，教师最常用的音像影视史料莫过于珍藏在中国革命博物馆里的《安徽小岗村的“红手印”》（图 3-1-1）。要让“红手印”发挥更大的价值，就要精心设计问题。

自我设问：根据相关史料，会议的参与者共有 18 位农民，但在图片中为什么发现了 21 个红色的印记？（查询史料发现，小岗村当年共有 20 户家庭，然而，在举办秘密会议时，只有 18 户家庭参加了。有两户居民单独居住，外出打工并且难以联系。严宏昌于是请来了另外两位村民作为他们的担保人，在文件上代表

① 於以传．图像史料证史的“作者”与“社会”视角 [J]. 历史教学（上半月刊），2018（5）：52—55.

他们盖章。因为严宏昌是协议提议人，所以在文件上盖了两次章，所以总共有 21 个红色印记。）

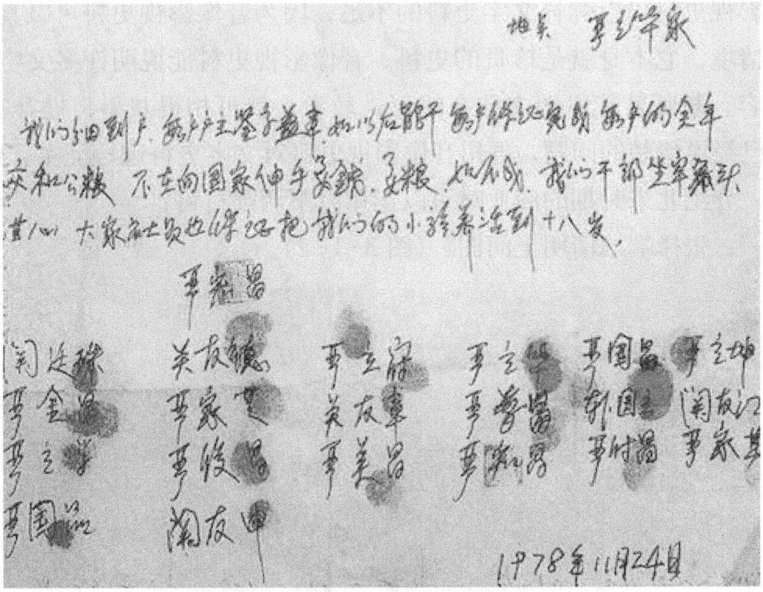

图 3-1-1　安徽小岗村的“红手印”

集体提问：这些农民签协议的目的是什么？（包产到户）他们的文化水平如何？有何依据？（文化水平比较一般，协议中多处出现错别字）签字的时候他们的心态怎样？（冒着坐牢的危险签字的）为什么签字就有可能会坐牢？（当时我国农村正在实行“一大二公”的人民公社体制，小岗村的“分田单干”做法违背了当时的法律和党的基本经济政策）有人以小岗村“一夜跨过温饱线，20 年未过富裕坎”的事实来证明当年分田到户的改革是错误的。若要反驳这一观点，最有力的证据是什么？（小岗村改革前后粮食产量的对比数据）

上述的层层设问、演绎推理，不但能引导学生深入认识到当年小岗村的做法是“敢为天下先”，是正确的，而且能让学生理解论从史出、学会推理演绎历史事实，还可能学会寻找证据反驳他人观点。

赵亚夫先生认为：“‘史料教学’如果不针对怎样提出问题、怎样解释问题、怎样反思问题，而旨在挖掘史料、堆砌史料，让史料服务于教师的讲授，它就偏离了中学历史教学的本位，行不通的。”① 要真正发挥音像影视史料的价值，就要把音像影视史料与问题意识结合起来理解史料、使用史料，并将其贯穿于教学过

① 赵亚夫．中学历史教育学 [M]．北京：中国建材工业出版社，1997.

程，才能体现历史教学的基本特征。

4. 图文配合，充分发挥音像影视史料的证史功能

音像影视史料可以弥补文字史料的不足，因为音像影视史料可以直接展现当时的历史情境，它本身就是珍贵的史料。音像影视史料能说明许多文字史料不能表述的内容，教师若能以图文结合的形式教学，就可相得益彰，提升实证效果。文字史料已经说清楚的问题，再用音像影视史料对文字史料进行证实，更有分量。

比如，介绍北宋时期的商业时可以运用以下两则材料：

材料一：张择端《清明上河图》（图 3–1–2）。

图 3-1-2 《清明上河图》局部

材料二：出朱雀门，直至龙津桥。自州桥南去，当街水饭、爊肉、干脯、王楼前獾儿……直至龙津桥须脑子肉止。谓之杂嚼，直至三更。

——孟元老《东京梦华录》

张择端描绘了北宋时期繁荣昌盛的汴京城景，而孟元老则详细描绘了北宋都城的街道规划、饮食习俗、社会风情和娱乐场所。两份历史资料相互印证，生动展现了北宋首府的繁荣昌盛景象。

当音像影视史料和文字史料相互印证时，就能建立强有力的证据支撑。可以引发讨论，引起学生的好奇心，进而促使他们更深入地探索，并为他们提供一种研究型学习的方式，充分发挥音像影视史料的证史功能。

即使文字史料与音像影视史料并存，音像影视史料的作用也不容小觑。音像影视史料有时候会对文字史料起到补充作用，这可能会比文字史料来得更加真实。在时下由多媒体营造出的“读图时代”中，初中历史教学对音像影视史料进行关注就更显必要了。

5. 认识差异，明确音像影视史料的研究价值

随着科技的发展，历史的记录和传播方式呈现出多元化的趋势，动态的影视史料也越来越多。音像影视史料也分很多种，包括历史纪录片、历史电影、历史动画等。音像影视史料更具有感染力，也更加具象化。在历史教学中播放音像影视史料不仅可以震撼学生的心灵，而且能使他们更直观地理解历史内容、减轻历史学习的压力。

一般情况下，相对于其他音像影视史料来说，历史纪录片的历史研究价值相对较高。

比如，抗战纪录片《大抗战》秉承了实事求是的原则，通过搜集整理1000余小时的战地原声影像，10万张高清真实照片，以及1000多份手稿、报纸文摘等珍贵文献，精心再现了历史真实。通过时间线串联、事件梳理、人物透视，在研究九一八事变至日本投降的14年抗日战争时期，采用新观点、新思路、新史料、新技术，进行深入、客观、生动的历史考察。在抗战的史料研究上具有一定的概括性和权威性。

纪录片不仅可以生动地展示历史事件，还能够保持并再现当时的历史背景。更重要的是，它本身蕴含宝贵而有意义的历史价值，一方面它展示了过去的历史片段，另一方面它能够呈现出记录者独特的历史观点，表现鲜明的时代印记。尽管历史类影视作品部分展现了历史事件、历史人物和历史背景，但与纪录片相比，它们的呈现风格有所差异。历史类影视作品能让学生学到一定的历史知识，但它不是历史的实录。影视作品为了吸引观众，往往在记载历史和事实的基础上进行虚构和艺术加工，使情节更加曲折、故事更加生动。所以使用音像影视史料作为教学素材必须慎重。影视史学作为一种新形式，创造出一种不同于文字书写、静态图片的历史呈现方式，并表现出旺盛的生命力和广阔的应用前景。新鲜的具有活力的音像影视材料与古老的历史学邂逅，给历史研究注入了崭新的气息，让原本枯燥的历史学研究变得丰富而立体。

近年来，我国拍摄的《百年中国》《国家宝藏》《我在故宫修文物》《丝绸之路》《毛泽东》等纪录片，都从一个侧面反映了历史，并表达了纪录片制作者对这一历史断面的理解和感悟。这些都可以作为史料实证的重要素材。影视史学的研究和发展在国内目前还处于起步阶段，尚未总体布局，有待进一步发展全面系统的搜集整理和学术研究。

如今，在史料实证这一素养的培养过程中，音像影视史料的使用日益受到重视。运用音像影视史料不仅是对教科书内容的补充，教师还应该把音像影视史料作为一个载体，把对音像影视史料的分析、比较、研习、论证看成历史教学活动

的重要内容，这样更有利于培养学生的历史学科素养。

三、基于史料实证素养的初中历史课堂教学探究

史料实证教学法在初中历史课堂中扮演着至关重要的角色，通过引入文学作品、实物等史料，教师可以培养学生对历史事件和人物的兴趣，让他们亲身感受历史的魅力。这种教学方法不仅可以帮助学生深刻理解历史事件的原因和影响，还能培养他们的历史意识、历史思维和历史探究能力。史料实证教学鼓励学生主动探索、自主阅读和独立思考，从而形成独特的历史理解。

（一）史料实证教学法的概念

史料实证教学法是一种以历史原始资料为基础的教学方法，其核心在于通过引导学生直接接触、分析和解释真实历史史料，培养学生独立思考和批判性思维能力。这种教学方法强调历史学科的客观性和科学性，通过让学生亲身感受历史事件和人物的真实面貌，加深对历史的认识和理解。在史料实证教学中，史料可以是各种形式，如文字史料、实物史料、口述史料等，这些史料来源于真实历史事件、文献、考古发现等。学生通过研究这些史料，提取信息和线索，运用历史学科的知识解释史料，形成自己的历史观点和结论。通过直接从史料中获取信息，学生可以更深入地理解历史事件背后的原因和影响，培养扎实的历史素养。史料实证教学法的优势在于可以调动学生的学习兴趣和提高学生的学习主动性，让他们在历史研究中发挥自己的判断和分析能力。与传统的依赖教科书等间接途径不同，这种方法能够使学生更加深入地了解历史，形成独立的历史观点，并培养他们的批判性思维能力。

（二）基于史料实证的初中历史教学设计

1. 选择教学内容

教学内容的选择与组织是史料实证教学设计中至关重要的部分，以下是选择教学内容的方法：

（1）确定教学目标

在运用史料实证教学法之前，教师先要明确教学目标，确定学生应该掌握的核心历史知识、能力。教学目标应该明确、具体、可评估，以便后续的教学内容选择与组织能够紧密围绕这些目标展开。

（2）选择相关史料

教师在确定教学目标后，应当根据目标和主题筛选与之相关的古代文献、考古发现、历史地图、出土文物等历史资料。这些史料可以帮助学生更好地理解历

史事件的发展过程。教师需要对筛选出的史料进行合理组织和排序，可以按照时间顺序、地理顺序或主题顺序等方式展示史料。在组织史料时，教师应借由史料突出教学重点，选择具有代表性和影响力的历史事件或人物的史料，以引导学生深入探究相关历史知识。通过精心挑选和组织历史资料，教师可以帮助学生建立起对历史事件和人物的全面认识，增进他们对历史的理解和促进学生思考能力的提升。

（3）利用多种教学工具和教学方式

组织好史料后，教师可以充分利用多种教学工具和教学方式呈现相关史料，如通过教科书、图片、地图、音视频等。教师还可以通过讲授、展示、讨论等方式，让学生多样化探究史料，深入了解历史事件和当时的社会、文化现象。

2. 明确教学策略

明确教学目标，选择相应的史料和教学工具之后，教师可进一步明确教学策略，并在初中历史课堂中运用史料实证教学法。

（1）案例分析

案例研究教学是一种教学方法，通过具体历史事件、人物或文化现象案例，并结合详实的史料进行深入分析，这种教学方法旨在帮助学生全面理解事件的背景、原因、影响和意义。案例分析教学方法的核心是培养学生的独立思考和分析技能，引导他们学会利用历史资料和多元观点，全面思考、审视和解释历史事件，以便他们能够自主地建立独特的历史观点和历史分析思路。

在进行案例研究时，教师可以选择提供学生需要的历史资料，也可以鼓励学生独立查找相关史料，以帮助他们更深入地了解案例。教师可以引导学生自己搜索相关历史资料，从而使他们学会搜集史料，进而培养他们的历史核心素养。此外，学生还能够通过与同学分享并讨论他们搜集到的历史资料、参与小组或班级活动等方式拓展自己的历史知识储备，深度探讨相关历史案例，并扩展个人的历史视野。

（2）文本研究

在探索历史时，学生通常会发现历史教科书上的信息有时不完全是他们感兴趣的，但这些史料能够帮助他们拓宽知识面。因此，教师可以在授课过程中引导学生阅读相关的史料，通过研究史料文本，帮助他们了解作者所处的时代背景、社会地位和思维方式，并分析其中的历史内涵，引导他们更深入地探究相关主题。教师在进行文本研究时，应该鼓励学生采用辩证的方式来审视史料文本，这意味着学生不仅需要理解文本中的历史背景和信息，还需要考虑文本可能存在的局限性和偏见，以及文本对相关历史事件的解释是否全面和客观等，这样能够促使他们建立独立的历史观念和正确的历史意识。

（3）实地调查

初中历史教科书涉及多样的文物和历史事件，教师可以通过展示图片、视频等方式让学生观察历史，也可以组织学生开展调研活动。例如，教师可带领学生深入博物馆、纪念堂、名人故居等现实场所，进行实地调查，在活动中搜集相关史料，增强学习的实践性和体验感。

（三）用史料实证教学法探究《三国演义》的历史

1.《三国演义》教学目标

①使学生了解《三国演义》的历史背景和文学价值：教师通过运用史料实证教学法，使学生了解《三国演义》是一部以三国历史为背景的虚构历史小说，了解该作品在中国文学史上的地位和影响。

②引导学生探究《三国演义》中历史人物和事件的真实性：通过对比小说文本与历史史料，学生能够辨析小说中历史事件和人物形象的虚构程度和改编情况，了解故事背后的历史。

③解读《三国演义》对于历史事件的再现：学生通过史料实证教学法，深入研究小说中对三国历史事件的再现方式和对历史人物的解读，了解作者对历史的理解与表达。

④培养学生对史料和文学作品的批判性思维：通过探究《三国演义》中的历史真相，培养学生的批判性思维，让学生学会从史料中寻找证据反驳小说中的虚构情节，形成独立的历史观点。

⑤加深学生对历史的兴趣和认识：通过史料实证教学法，使学生能够深入了解《三国演义》历史背后的故事和真实的历史，增进对历史的兴趣和认识。

⑥培养学生的独立思考和研究能力：通过自主查阅历史文献等资料，学生进行深度拓展阅读，培养独立思考和研究历史问题的能力。

⑦增强学生的团队合作与交流能力：学生在小组讨论中共同探究历史真相，相互交流观点，培养学生的团队合作能力和交流能力。

2.《三国演义》教学内容

（1）讲解背景

教师讲解《三国演义》的创作背景和历史背景，包括作者罗贯中的生平和其创作动机，以及三国时期的历史背景和重要历史事件。教师为学生提供相关史料，帮助学生了解《三国演义》作为历史小说的文学价值，以及其在中国文学史上的地位和影响。

（2）分析经典人物和情节

教师选择《三国演义》中的几个典型历史人物和重要历史情节，如刘备、曹操、孙权，以及赤壁之战等，引导学生进行分析。通过分析小说文本，让学生了解这些历史人物在小说中的形象和故事，以及小说中对历史事件的叙述和解释。

（3）史料对比与分析

教师与学生一起查阅历史文献和考古资料，如《三国志》《三国志注》等，对比小说中的虚构情节和历史真相。学生通过分析历史文献和小说的异同，发现《三国演义》中对历史人物和历史事件的虚构程度，以及作者在文学创作中的表达方式。

（4）音像影视和实物史料教学

教师通过图片、雕塑、绘画等形式展示《三国演义》中涉及的历史人物形象和历史场景，让学生通过史料更充分、更直观地感受历史。教师还可以安排学生参观相关博物馆或历史遗址，亲身感受历史文物和实物，加深对历史的认识。

（5）拓展阅读和独立研究

学生通过教师提供的拓展阅读史料，深入研究《三国演义》的历史背景和文学价值，以及其中涉及的历史事件和人物。学生可以独立研究更多史料，加深对历史的认识，培养自身的批判意识和史料研究能力。

3.《三国演义》教学步骤

（1）引入

教师通过展示《三国演义》的封面和相关图片，介绍其在中国文学史上的地位和影响，引起学生对这部文学作品的兴趣，并提出问题：《三国演义》是一部何种类型的作品？它对历史事件有怎样的影响？

（2）知识背景介绍

教师简要介绍《三国演义》的历史背景和文学价值，阐述它是一部以三国历史为背景，虚构历史事件和人物的历史小说。

（3）史料阅读和文本分析

教师提供《三国演义》中相关章节的文本，让学生分组阅读和分析文本。学生需要了解《三国演义》中对于历史人物和相关的历史事件的虚构和改编情况。

（4）小组讨论

学生在小组内讨论、研究教师所提供的史料文本，探究《三国演义》中历史人物和历史事件的真实性，以及虚构文学创作与历史真相之间的关系。教师鼓励学生提出问题和观点，引导学生从史料文本中找出证据支持自己的观点。

（5）展示和分享

各小组派代表汇报讨论结果，分享他们对《三国演义》中历史真相的认识和理解。学生可以互相交流，辨析不同观点，并认真听取教师的点评和补充。

(6) 拓展阅读

教师提供拓展充阅读史料，以便学生更深入地探索和了解《三国演义》的历史背景。鼓励学生在家中或图书馆中深入研究更多史料，以更加全面地认识历史事件的真相。

(7) 总结与反思

教师和学生一起研究《三国演义》，旨在让学生认识到文学作品与历史真相之间的联系，学生在进行反思和讨论时也能获得知识收益。

通过研究文学作品史料的教学方法，学生可以认识到《三国演义》的历史脉络和它在文学史上的重要性。通过让学生参与小组讨论和展示活动，可以培养他们的团队合作意识和交流技巧，培养他们的独立学习能力和批判性思维能力。在教学过程中注重激发学生的学习动力和自我管理能力，鼓励他们积极参与史料文本研究，以便更全面地了解历史，提高对历史文献和文学作品的认识和理解水平。另外，学生也可以比较文学作品与历史事件之间的相似之处和不同之处，以提高对历史文献和文学创作的识别能力。通过将历史文献和文学作品作为教学资料，中学历史教学变得更加生动、更有活力。

通过将历史文献和文学作品应用于教学，学生不仅可以获取历史知识，还能够锻炼信息查找技能、历史理解能力和历史解释能力，进而提高他们的历史思维水平。只有这样，才有望培养出具备自主思考能力和坚实历史学基础的新一代历史学家和历史传承者。

第二节　分层教学设计

《义务教育历史课程标准（2022 年版）》实现了跨越式的进步，一是该标准研究出了历史学科核心素养体系，二是该标准确立了以核心能力为基础的学习品质标准。培养历史学科核心素养和实际应用历史学科学业质量标准的关键在于积极搜集和验证相关史料，学生的表现可以反映出他们在学业上的质量水平，这种表现与初中历史学科的课程内容标准、学术要求和学业质量标准密切相关。这样的表现反映了学生在历史学习过程中对知识的理解程度、思维方式、学科思维、经验和能力等方面产生的变化，从而揭示了学生所获得的学习成果，同时也呈现了学生的学习素养，分层教学设计是培养史料实证素养的前提。

实现史料实证素养的分层教学的策略有二：其一，是依据史料实证四水平层次对应四个关键学习行为，通过创设情境，任务驱动完成史料实证素养分层教学。其二，是采用三次序材料教学法，变化史料呈现次序逐步达成史料实证四水平层次，完成史料实证素养分层教学。

一、设计策略：四个关键学习行为

在教学实践中，作者把可观察、可测评的学生表现简明扼要地描述为学生在解决具体问题时所表现出来的关键学习行为，分别对应为举证、例证、互证、辩证。如何完成四个关键学习行为呢？作者认为，情境创设、任务驱动是完成以上四个关键学习行是完成以上四个关键学习行为的最佳方式。

（一）教学核心目标应聚焦关键学习行为

叶小兵老师认为，“教学目标应从简单的、形式上的目标转变为具体的、可操作并可检测的目标，使目标的指向针对学生通过学习表现出来的进步程度”。[①]正如前文所述，将史料实证素养四个水平层次指向四个关键学习行为，四个关键学习行为又能切合四个水平层次。有了关键学习行为，才有可能实现教学核心目标。

（二）研习情境创设应呈现史料实证素养发展梯度

对历史学科史料实证素养的分级反映了史料实证素养的发展梯度，其教学方法也应更具灵活性和多样性，以符合不同水平的要求。采用多样、灵活的教学方法能够尊重学生的个人需求，同时帮助他们在各种情境下学习，实现个性化的成长。初中阶段的学习过程中，应该根据学生的不同年级划分不同层次来培育他们的史料实证素养。同一年级的学生，其历史学科学习水平也不相同，因此教师应该根据学生不同的水平创造不同的学习环境，以促进他们的发展。

（三）培养学生的史料实证素养应突出历史学科特征

历史学科具有多维度的时空意识、历史内容的过去性、史与论的高度统一性、学科知识的综合性和复杂性、科学性与人文性的统一等本质特征。历史学科核心素养的培育应突出以上特征。以史料实证素养的培育为例，教师需要“引导学生批判性地阅读史料，以及帮助学生问出关于历史证据性质的深入问题。它培养学生去处理的不仅是过去的复杂性，也包含现在的复杂性。这是一种面对今天、面

① 叶小兵. 细节的重要[J]. 历史教学，2005（9）：56—57.

向明天的历史”。①

二、设计策略：三次序材料教学法

三次序材料教学法是美国伊利诺伊州立大学的弗雷德瑞克·德雷克（Frederick Drake）教授和印第安纳大学的莎拉德·德雷克·布朗（Sarah Drake Brown）教授提出来的。2007年11月，华南师范大学教育科学学院的硕士研究生陈伟壁把该方法的研究资料完整地翻译出来。华南师范大学历史文化学院的黄牧航教授随即结合我国中学历史教学的内容设计出相关案例，对这种教学方法加以推广。黄教授认为，三次序材料教学法是一个把高校研究与中学教学相结合的典型案例。第一次序材料是学生运用教师给出的材料进行论证，多偏重于第一手史料；第二次序材料是后来学者的研究，可以是正反观点的，以培养学生思辨思维；第三次序材料是学生自我提供的，以证明自己前面观点。三次序材料教学法非常适合史料实证要培养学生证据意识的态度与方法非常适切。如果用模型图来呈现应当如图3–2–1所示。

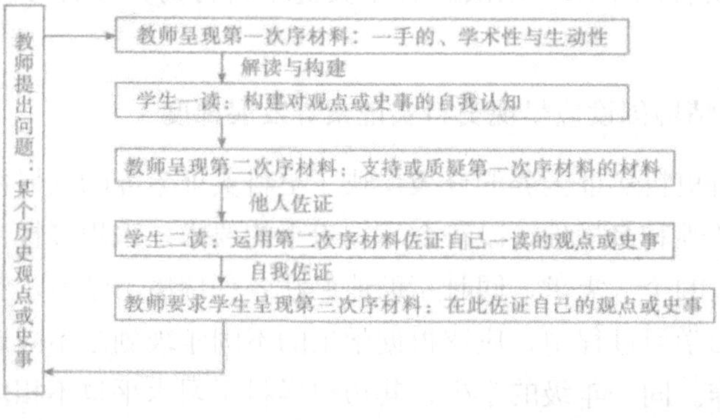

图3-2-1 美国三次序材料教学法模型图

然而，进一步探究后发现，依赖于按照固定顺序进行材料验证的方法显得过于死板和僵化。由于缺乏对自身构建的反思和对专家观点的再次评估，无论是从学生自我构建到专家观点的佐证，还是到自我提出佐证材料的第三步，这种认知加强行为都存在一定的不足，可以尝试将三次序材料教学法的顺序调整成如图3–2–2所示。

① 温伯格，马丁，蒙特－沙诺．像史家一般阅读：在课堂里教历史阅读素养[M]．宋家复，译．台北：台湾大学出版中心，2016．

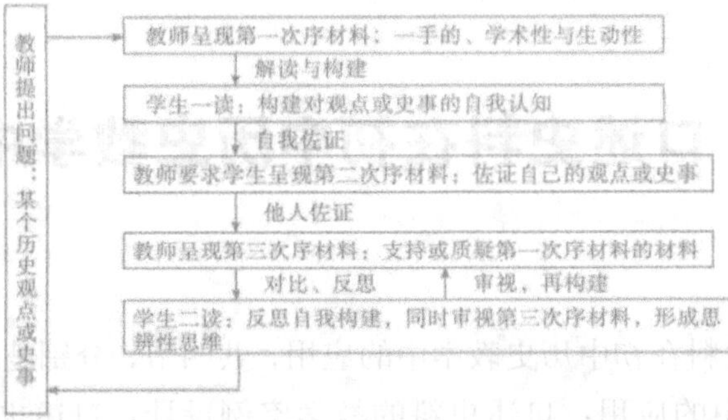

图 3-2-2　改进的三次序材料教学法模型图

第一序材料指第一手的、学术性与生动性的原始资料，第二次序材料由学生主动提供附加资料组成，第三次序材料是专家学者研究成果的间接材料。虽然只是交换了第二次和第三次顺序，但是造成的影响却是不同的。学生可以参考专家学者的研究观点，以评估他们所构建的理论和研究方向是否合理和科学。此外，他们还可以掐头去尾地提出自己对专家学者研究观点的新思考，并对这些思考加以深入探讨。这种教学方法可以满足史料实证四级层次的递进需求，从展示单一历史资料起步，逐步过渡至利用多来源多视角相互佐证，最终促成不同观点之间对话辩证的过程，有助于培养学生的推理思维，培养其自主研究技能，并引导他们对历史问题综合且客观的阐释。

根据三次序材料的定义，可以形成以下三次序材料排序：

第一次序：学生围绕历史教科书上提供的史料，寻找能证明自己观点的材料，并运用材料进行论证。

第二次序：让学生在教师提供的史料外，提出新的史料作为自己观点的证据。教师之所以要设计让学生开发第二次序材料，就是要体现“史料实证”素养的内涵。在初中历史课堂所教之外，学生在自行发现新的证据，能构建起对事物的新看法，这就是史料实证素养的核心所在。

第三次序：教师呈现专家学者研究观点，让学生比照自己建构的认知进行再次反省，重新审视权威观点。

总之，运用三次序材料教学法，对于改变部分教师上课以论代史的现象、以论证论的现象，为培养学生的史料实证素养提供了一个新的思考角度。

第四章　口述史料在初中历史教学中的应用

本章为口述史料在初中历史教学中的应用，共四节，分别是口述史料的概述；口述史料在教学中的应用；口述史料的教学案例设计；口述史料的应用原则和策略。

第一节　口述史料的概述

一、从口述传统到口述史学

现代意义层面上的口述史出现的时间并不长。学界普遍认为现代口述史于 20 世纪 40 年代在美国形成，后来，它在美国本土不断发展，并逐渐在全世界传播开来。

在讨论历史时，虽然“口述传统”这个说法是后来才出现的，但在各个地区，人们一直将口述传统承视为保存和传播历史信息的重要途径，尤其是在各民族早期的发展阶段，那时印刷技术和文字尚未得到广泛运用。在古代，人类社会还未发展出文字的时候，人们用口述的方式将祖先与自然界交锋的壮丽故事传承下来，这就是口述传统最早的形式。口述历史在许多国家流传已久，各个文化都有独具特色且引人入胜的神话传说，比如，中国的女娲补天和大禹治水，以及西方的挪亚方舟等。即便文字已经出现，人们依然认为口述传统是一种重要的、保存历史信息方式。这种现象在各民族的早期诗歌中已经得到体现。诗歌不仅记录着古老的历史，还以口头传颂的史诗形式流传着，它源自人类早期，与人类早期的神话传说历史一样久远。比如，古希腊非常著名的《荷马史诗》和中国藏族的《格萨尔》等。此外，中外历史学家非常重视利用口述史料来支持历史研究。司马迁在编撰《史记》时，为了能够“网罗天下放失旧闻”，他“南游江、淮，上会稽，探禹穴，窥九疑，浮于沅湘，北涉汶、泗”①。而西方的修昔底德（Thucydides）也在《伯

① 朱长英．文学地理视域下的两宋词坛研究[M]．北京：知识产权出版社，2020．

罗奔尼撒战争史》一书中表示，他所描述的是他听到亲身经历过此事的人所讲述的，他对此进行了仔细的考核，但这些并不是他亲眼所见，由此可见各民族在书写早期历史方面对口述史料的重视。

随着印刷技术和文字的不断进步，人们逐渐更加重视真实客观的书面历史材料。口述史料由于其带有主观性和不确定性，正在逐渐失去主流历史学界的认可，特别是随着19世纪兰克实证主义的兴起，这种情况变得更加显著。接着，20世纪涌现出了新的历史研究潮流，同时也让人们对文字史料的客观性和真实性产生了强烈的怀疑。维斯塔尔（Vestal）是一位美国早期的口述历史学家，他通过对口述历史材料进行对比研究，并对《西亭·布尔》一书中引用的历史文件进行了验证核实。他提到了一种普遍观点，即大多数人相信印刷出版物具有权威性，但实际情况并非如此。在采访过程中，人们可以通过不断询问口述者的知识、技能和诚实度来确认信息的准确性，而在阅读被印刷出来的文字史料时，读者只能接收信息，无法对信息进行主动验证。因此，历史学家再次开始重视口述历史传统。与此同时，现代技术的快速发展为历史的保存提供了更新、更好的途径。20世纪40年代，真正具有现代意义的口述史学在美国产生。1948年，艾伦·内文斯（Allan Nevins）教授在其任职的哥伦比亚大学中建立起了哥伦比亚大学口述历史研究室，这是美国历史上建立的第一个口述历史研究机构，学界均认同此行为标志着现代口述历史学的正式诞生。

二、口述史与口述史料

（一）口述史概念界定

口述史分为狭义与广义两种，口述历史研究起源于20世纪40年代美国，艾伦·内文斯在1948年创建了第一个口述历史研究室，从而开启了现代口述历史学的研究进程。在人类社会没有产生书面文字记录的时期，广义口述史是指人们通过口头传述方式来传播重要事件、生产技艺、人类起源、生活习俗等信息。口头传述是史学的根源，代表了人类社会最原始的记录方式。在人类社会有了文字记载之后，中国就有了相传为孔子编订的《尚书》以及司马迁的《史记》等，西方有了《伯罗奔尼撒战争史》以及希罗多德（Herodotus）编撰的《历史》等。不管是东方历史学家还是西方历史学家，他们都引用了大量的口述史料进行了历史文献的创作，将历史具体生动地记录了下来。但是，目前历史学界在“口述史”概念的具体界定上，仍存在较大的分歧。

国外学术界提出的几种观点如下：第一，路易斯·斯塔尔（Louis Starr）认为，“在做好一切事前准备工作，准备好录音机等工具后，以采访的方式将人们口述所得的具有保存价值和迄今尚未得到的原始资料记录下来得到口述历史”①。第二，保罗·汤普森（Paul Thompson）认为，“调查和询问人们的生活及其口头故事得到的记录就是口述历史，且经口述方式传递的信息应大多为与人们日常生活相关的信息”②。第三，曾任美国口述史协会会长唐纳德·里奇（Donald Ritchie）认为，“口述史是以访谈录音的形式收集的人们对重大历史事件与回忆的口头传述的个人评论，在他看来个人评论也是口述史中的一部分”③。

国内学术界也从多种角度对口述史界定了不同的概念。北京市社会科学院历史研究所的学者钟少华表示，“口述历史是人类利用种族特有的语言，利用科技设备，从历史工作者与受访者谈话的录音资料中提取的历史信息就是口述史料，将其整理成文字稿，再进行处理加工，就可以制成各种口述历史专著”④。

曾任北京大学历史系教授杨立文指出，“口述历史在总结文字资料方面的重要作用就是将知情人与当事人的口头资料收集起来，将他们亲眼所见、亲耳所闻、亲身经历得到的记忆信息表述出来，经由录音、做笔记等方式形成新资料信息”⑤。访谈调查是搜集口头信息的核心方法，通过录音或记录笔记来收集信息，并将其与文献资料进行核对，最后整理成书面报告。这种观点与其他历史研究方法有所不同，在处理文字档案和口述史料时更加重视核实工作。杨祥银教授表示，在研究口述史时，最关键的并非定义口述史，而是准确把握其核心内容，即其声音格式对过去历史记忆的保存作用，他强调了声音对历史的保存作用。

（二）口述史料概念界定

各国学者都提出了各自对口述史料的定义，例如，在《大家来做口述历史实务指南》中，唐纳德·里奇有过这样的一段论述：“简单地说，口述历史就是通过录音访谈来收集口头回忆和重大历史事件的个人评论。”在他看来，口述史料具有口头回忆与个人评论两层含义。

① 杨祥银．与历史对话：口述史学的理论与实践[M]．北京：中国社会科学出版社，2004．

② 孙洪亮．历史教学中运用口述历史的价值和路径[J]．教学月刊·中学版（教学管理），2015（12）：55—59．

③ 里奇．大家来做口述历史：实务指南[M]．2版．王芝芝，姚力，译．北京：当代中国出版社，2006．

④ 钟少华．中国口述历史研究的探索[J]．自然辩证法通讯，1986（5）：77—79．

⑤ 杨立文．论口述史学在历史学中的功用与地位[J]．北大史学，1993（0）：120—136．

钟少华先生表示，“以人类的语言将历史工作者与受访者合作得出的产物描述出来，再借助科技设备将双方的谈话录制下来整理出来的资料就是口述史料”。[①] 杨祥银教授认为，“受访者与访谈者在事先有所准备的情况下，进行有意识的互动交流得出的产物就是口述史料”。[②] 这两位学者都对受访者与访谈者之间的互动交流和合作做出了强调，认为合作产物即口述史料。

本书结合上述观点，总结认为，借助各种工具设备，对受访者与访谈者互动得出的受访者亲身见闻和经历中具有一定历史价值的、对回忆的口头描述进行总结得出的历史资料就是口述史料。

三、口述史料的分类

（一）回忆录类口述史料

回忆录类口述史料，指的是总结整理见证者或亲历者对事件的具体回忆形成的史料。以回忆主体为依据，可将其分为集体回忆与个体回忆两类。

集体回忆也叫集体记忆，是某一具有同一性或有其特定文化内聚性的群体共有的对过去的记忆。这是共同亲历某一事件的群体共有的记忆，通常比较零碎分散，将这些记忆收集起来，经梳理就可以形成集体回忆录，《幸存者回忆录：南京大屠杀》就是一种比较典型的对集体回忆进行整编处理形成的纪实著作。

个体回忆即个人对历史进行回忆形成的口述史料，这种回忆录与亲笔回忆录不同的是前者为受访者讲述，访谈者记录整理，后者则为受访者自行整理回忆内容。个体回忆部分可以占据整个回忆录的主要部分，但需要有访谈者与之互动收集相关信息。这类回忆录中比较有代表性的就是史学名家唐德刚创作的《李宗仁回忆录》，该著作主要由李宗仁与哥伦比亚大学合作研究口述历史的相关事迹，由唐德刚笔录整理产生。唐德刚笔录、李宗仁口述的材料部分就属于个体回忆录类的口述史料，这部分约占其整本著作的20%。

（二）史诗类口述史料

史诗类口述史料也被称为口传史料，它产生于文字形成之前，历史悠久，以人类口头转述的形式将历史传承下去。

史诗即描述重大历史事件或歌颂古代英雄传说的叙事长诗，历史事件与古代

① 钟少华．中国口述史学漫谈[J]．学术研究，1997（5）：45–50．

② 杨祥银．与历史对话：口述史学的理论与实践[M]．北京：中国社会科学出版社，2004．

英雄事迹在文字产生之前一直以口述的形式代代流传，其内容在人的主观意识下不断被改编进而变得丰富。文字产生之后，这些事件、事迹才逐渐统一定型。我国史诗中比较典型的有藏族的《格萨尔》，它是一部长篇说唱体英雄史诗，还有柯尔克孜族的传记性史诗《玛纳斯》，以及蒙古族的《江格尔》等。

（三）音像影视口述史料

音像影视口述史料是被以音频或视频的形式保存下来的史料，这种口述史料的保存形式是近代科技发展带来的便捷成果，是研究现代口述史的有效且重要的手段和途径。这种保存方式大大降低了历史资料在传统口述史料流传过程中的失真率，使每句访谈和记录下来的口述内容都能查到相关依据。将记录的音频和视频内容转写为文字后，应将其视为口述历史的文字史料。然而，依旧会有许多人物的对话、调查采访、会议记录等被以视频和音频形式记录下来。随着互联网技术和影音技术的迅速进步，人们正在迈入一个重视音像影视类口述史料的时代。因此，以访谈节目和纪录片的形式呈现口述历史资料变得越来越常见，并使口述史料得到了有效的保留。一些电视频道推出了一系列关于口述历史的节目，如《见证》《讲述》和《大家》等。此外，还有一些口述的纪录片，如《世纪行过——张学良传》等。在大型历史纪录片中《我的抗战》具有典型代表性，这部纪录片记录了年长的抗战亲历者分享他们在多场著名战役中亲身经历的口述史料，探讨了抗日战争时期医疗、社会生活、民情和教育等方面的历史，留下了丰富的抗战历史素材供后人参考。教师在中学历史课堂上充分利用这些精心制作、内容丰富的音像影视史料，可以展现历史事件的真实情况，丰富历史教学内涵，使学生接触历史的方式更加多样化，同时也拓宽了教师传授历史知识的方法。

四、口述史料的特点

口述史料有其自身鲜明的特色。众多前辈学者结合自己的理解，对口述史料的特点做出了不同的总结概括，侧重之处各有不同。在作者看来，口述史料主要有个人性、民间性与生动性的特点。

（一）个人性

在各种口述史料中，一般只有口述史料会显示出某一社会或民族共有的特征。在挖掘口述史料的过程中，访谈者往往更为重视受访者讲述自身亲历的重大人生经历时站在个人角度上获得的人生经验，而忽视那些非受访者本人亲历的部分。唐德刚为李宗仁做访谈，在记录口述史料的最初阶段就曾发生过类似的情况。在李宗仁讲到其作为“护国军”排长时的经历，并就当时的国家大事与政治时局谈感想时，唐德刚先生劝说其更多地讲述一些作为排长时亲历的小事，而不要总是谈及政治哲学与国家大事。个人经历与体验是口述史料的一大重要特色，但在收集记录时还应核实受访者的个人经历与宏大历史叙事是否有太大的差异。埃里克·霍布斯鲍姆（Eric Hobsbawm）认为，“处于不同社会阶层的人对重大事件的关注点与记忆通常有一定差异，这使得历史的深度与细节在无形中不断被丰富”[①]。此外，前文中的个人，所指代的不仅有上层精英或者一些大人物，更多为生活在社会基层的小人物。很多传统史料大多不会提及这些小人物，但经他们的精彩叙述，学史者可以在口述历史中发现很多历传统史学研究没有关注到的方面，从不同的层面与维度观察和感受历史。

（二）民间性

有学者将民间性称作社会性、广泛性、民主性与自下而上性。随着现代口述史学的形成，这种特性在后来的很多口述史料中愈加鲜明。在现代口述史形成后不久，很多美国的口述历史学家逐渐意识到，要想进一步发展口述史学，就不能只关注精英阶层，还要对社会底层的普通民众给予更多关注，开辟研究口述史学的新领域与新方法。后世口述史学家深受这一思想的影响，将研究方向扩展到少数民族、偏远山村、社区、儿童等新的历史学研究领域，这对社区史、妇女史、城市史、家庭史等新兴历史学学科的形成和发展起到了积极的推动作用。国内也有很多学者通过不断地实践对现代口述史所具有的这一特点做出了证实。例如，刘小萌的《中国知青口述史》、定宜庄的《最后的记忆：十六位旗人妇女的口述历史》《老北京人的口述历史》等，以及具有代表性的口述纪录片，如《我的抗战》等。以《我的抗战》为例，抗战的亲历者是这部纪录片的主要受访者，他们大多为普通群众，如平民、中下级官兵、医护人员、文艺工作者等，他们讲述的内容不仅包括他们在抗战时期亲历的著名战役，还包括他们从民间视角看到的抗战历史内容，如医疗教育、百姓生活等。根据以上作品可以发现，这种以普通人视角记录的历史，可以使普通人有机会表达自己的观点，将自己的亲身经历、记忆刻入历史，使其成为历史的一部分。

---

① 徐杰舜．一方水土养一方人[M]．哈尔滨：黑龙江人民出版社，2005．

（三）生动性

口述史料的生动性可以从两个方面显示出来。一方面，在其表现形式与叙事手法上，口述史料有很多种选择，可以使用录像、录音等新技术记录口述史料，也可以使用传统笔记记录的方式，将口述史作品记录整理成论文或著作再进行出版发表，还可以将其制作成相关的访谈节目或纪录片，借助网络、电视等媒介完成对外传播。从某种意义上看，这种口述史作品的表现与叙事方式打破了历史学作品以前严肃呆板的固有形象，有效拉近了大众与历史学的距离，相关节目《我的抗战》《百家讲坛》能够在群众中快速走红就证明了这一点。另一方面，口述史料的内容具有一定的故事性特征，这也是最重要的一点。

口述史料通常是个体在大脑中存储的具体的历史记忆与个人体验的直接信息，因此其中常常有对历史细节非常详细、生动地描述与回顾。鉴于口述史料的全部史料细节都由人以口头叙述的方式输出，因此通常表现出非常浓厚的口语化色彩，使语言呈现的口述史料变得更加活泼生动，大大地提高了口述史料的感染性和故事性。口述史料与传统历史学记载相比，有着更加个人化、更细致生动的细节展示。口述历史串联起一个个微小但细致的生活故事，从侧面对历史进行了描绘，使历史变得更鲜活丰富，使原本枯燥的历史逐渐变得生动形象起来。

鉴于越来越多的口述史料是通过录像、录音的手段保存下来的，所以除文字外，学史者还可以通过受访者的动作、表情、神态、声音等对其或欣喜或无奈或痛苦的感受有更真切的体会和了解。在纪录片《我的抗战》中，数位在战火的洗礼下幸存的老兵用他们自己的方言在镜头面前将他们当年从参军到逐渐适应艰苦的军旅生活，从初入战场到习惯穿梭于枪林弹雨不畏流血和死亡的每个细节慢慢地讲述出来，将他们参加战争和面对战争时内心的情感与感受通过镜头传递到观众心中。观众不仅可以看到屏幕中老兵们饱经战争与风霜后仍屹立不倒的风骨精神，更能从他们对那段峥嵘岁月的回忆中，从他们的声音、表情、动作等的变化中感受他们细腻的情感变化，并通过这些变化体会他们的真实情感，从而对他们讲述的那段历史有更加深刻的理解与感受。一些老兵虽扛过了战火的洗礼，却没有扛过时间的流逝，但后世的人仍可以通过录像和录音资料了解他们口述的历史，从他们的讲述中对那个时代产生更加深刻的认识。

五、口述史料的作用

（一）有利于填补历史空白

人类社会有着非常漫长的发展历史，而保存下来的文字史料只是人类历史很小的片段。统治阶层的具体活动是传统文字史料记载的主要内容，但这些文字资料中却鲜少有与普通百姓的生活有关的记录。在各种因素的综合影响下，很多的文字史料受到了破坏或者遗失了。而历史传承人或者亲历者提供的口述史料，可以使文字史料得到补充，使历史得以复原，甚至能够纠正错误的历史，正如杨祥银认为："我们并不能保证这些口述凭证的准确无疑，但至少提供了一种与文献资料相互印证的可能。"①

（二）有利于保存历史记忆

联合国教科文组织在 2001 年 5 月 18 日公布了"人类口头和非物质遗产代表作"名单，人类关注的焦点从静态有形的物质性遗产逐渐转移到动态无形的非物质记忆遗产上，其意义非常重要。例如，在中华民族宝贵的文化遗产宝库中，少数民族的口述历史文化资源是其中之一，完好地保存少数民族口述历史资料是我国保护自身非物质文化遗产的一项必然要求。在一定程度上，非物质文化遗产是组成人类文化的一个重要部分，它是一个文化分支，更是一个全新的文化观察视角。

（三）有利于扩展公众的阅读空间

口述史料为公众提供了观察和了解历史的新视角，站在传统意义的角度看，文字史料的记录是公众了解与认识历史的主要途径，即官方视角。作为历史的一部分，公众可以通过口述史料从亲历者的视角了解和解读历史，并通过分析亲历者讲述历史时神态、动作、声音等的变化对他们曾经历过的历史事件进行多维度的了解。

（四）有利于提升公众的地位

在研究传统历史时，研究内容主要为领袖人物、国家重大事件等。而口述历史料为普通群众提供了发言的机会，拓展了历史研究的视野，如对上海棚户区居民的生活、妇女史等口述史料的研究，有利于提升公众的地位。

① 杨祥银．试论口述史学的功用和困难 [J]. 史学理论研究，2000 (3)：37–46.

第二节　口述史料在教学中的应用

一、口述史料在教学中应用的必要性

（一）加强历史与生活之间的联系

在学习动机方面，内在动机意味着个体会持续地进行某些自主行为，而无需外部的促进力量。兴趣是内在的动力，因此兴趣也被认为是“最佳导师”。学生容易觉得与历史之间存在隔阂，因为历史和日常生活相距较远，初中生往往采取在事件发生后才了解的方式来评价历史事件和人物，他们可能难以深刻理解历史，也不容易在历史背景下体会历史人物的行为。如果教师的教学理念陈旧，教学方法单一且内容乏味，会部分地削弱学生对历史学习的兴趣，导致学生在学习历史时感到乏味无趣，学习效果不佳，教师也无法实现预期的教学目标。

口述史料以口语和生活化的形式生动展现历史事件，教师可以利用这些史料帮助学生轻松理解历史，引起他们对历史学习的兴趣，因此口述史料是教学中非常有价值的资源。口述史料是指受访者用口头方式讲述自己的亲身经历，记录历史事件的内容。在这种史料中，不仅包含了受访者对事件的情感和态度，还容易引起学生的情感共鸣。通过教师播放口述的音像影视史料，受访者的真实表现能够生动地展现给学生，通过这些细节，学生可以感知到当事人对历史事件的态度，帮助学生更全面地理解历史事件的背景。教师可以引导学生进行田野调查，收集口述史料，而不仅限于在课堂上展示口述史料。田野调查让学生有机会像“历史学家”一样采集、整理史料，亲身体验“制造历史”的过程，深入探索书本以外的生动历史信息。在考察活动中，学生们有机会展示个人才能和团队合作能力，师生携手、生生合作，一起探索历史故事，体验历史的内涵，增强学生对历史学习的热情，拉近历史与日常生活的距离。

（二）拓宽初中历史课堂的史料来源

历史教学是培养学生综合分析、批判性思维的重要途径，而口述史料作为历史课堂的补充资料，具有丰富的教学意义。在初中历史教学中，教师通常利用历史图片、地图、文献和史学家观点来阐释重大历史事件，以帮助学生深入理解历史。然而，由于历史的漫长和复杂性，教科书篇幅有限，初中历史课时也较短，

教师往往只能涉及一些重大事件或人物，导致学生可能对历史的全貌产生误解。为了引导学生多角度看待历史，教师可以适当运用口述史料，拓宽初中历史课堂的史料来源。口述史料可以是来自不同阶层群众的见闻、记忆和感受，通过这些真实的个人经历和见解，学生可以更加生动地感受到历史事件的影响与意义。通过分析不同阶层群众对同一事件的看法，学生可以了解到历史事件背后更为复杂的社会动态和人文情感，从而拓展观察历史事件的视角，丰富对历史事件的观点。通过口述史料，学生不仅可以了解到历史事件的多样性和复杂性，还可以更好地理解历史事件的本质。教师可以借助口述史料引导学生分析、还原历史真相，揭开历史事件的本质。这有助于使学生树立正确的唯物史观，认识到历史是由各种不同因素交织而成的，不应简单地从表面看待历史事件。

初中历史教学应当重视运用乡土资源和口述史料的要求，口述史料作为一种珍贵的历史资源，可以帮助学生更加直观地了解历史事件、人物及社会风貌，引起学生对历史的兴趣。在教学实践中，教师应该充分发挥口述史料的作用，引导学生深入了解历史，培养学生的历史意识和历史思维能力。中国自 1949 年后开始采用口述史方法整理口述史料，这些口述史料质量高、价值高，如《张学良口述历史》等，为初中历史教学提供了丰富的历史信息。教师在教学中应当深挖这些口述史料，选择合适的内容进行教学，结合当地的乡土资源，让学生更好地了解和感受历史。同时，多媒体教室的普及为教师提供了展示口述史料的便利条件，可以通过多媒体形式生动地展示历史资料，增强学生的学习兴趣。教师还可以利用口述史料的开辟历史第二课堂，让学生亲身参与口述史的收集和整理工作，如让学生采访共和国同龄人，从不同角度了解历史。这种实践活动不仅可以帮助学生更好地理解历史，还可以培养他们的合作能力和独立思考能力。同时，教师应将口述史料收集作为长期活动，对每届学生都开展口述史料相关实践活动，积累更多的历史资料，丰富历史教学内容。

（三）培养学生历史学科的综合能力

新课改提倡革新传统授课方式，强调培育学生的核心素养和综合能力，重视教师和学生共同参与的教学模式，以修正从前只关注知识而不注重能力的错误倾向。口述史料的历史记录具有独一无二的重要性，学生可以通过仔细阅读和分析这些口述史料的记录，并结合其他历史资料来识别其中的真实信息，以提升学生对历史的理解和推断能力。通过观看口述史料中的音像影视资料，学生可以更生动地感受到受访者所传达的情感，增强他们的感知能力，使他们仿佛身临其境，体验受访者所描述的历史事件，从而更深入地了解历史。通过口述史料，历史教师能够更全面地讲述历史事件，展示中华民族源远流长、恢宏壮阔的历史，使学生更加热爱祖国。

教师可以鼓励学生参与口述史料访谈活动，在提升学生合作能力和社交技巧的同时，丰富课堂教学内容。研究历史的方法主要有口述史料研究和观察研究，学生在扮演采访者角色时，需要做好充分准备，包括阅读相关文献、起草采访提纲和问题、整理和验证信息的准确性等，这对于培养学生的自主学习能力非常有益。在这样的教学活动中，小组成员通过合作完成任务，这有助于培养学生的团队合作能力。在收集历史资料时，与受访者进行有效的对话互动至关重要，学生需要具备一定的社交技巧和沟通技能才能完成这个访谈过程。

二、口述史料在不同教学内容中的应用

（一）历史概念教学中口述史料的应用

历史概念是对历史现象内在、本质的联系的一种反映，是人脑对历史人物、事件以及现象所表现出来的本质特征的一种反映。众多历史概念构成历史知识结构。在历史教学中，历史教师应加强对学生进行历史概念教学，帮助学生掌握历史知识结构，让学生对教材内容有深刻地领会，进而提升学生的历史思维能力。可见，历史概念教学是初中历史教学的重要组成部分。随着社会的不断发展和进步，如何大面积提升教学效益，推进历史概念教学的改革已成为初中历史教师亟待解决的问题。

笔者认为，从学生的认知水平出发，站在学生的角度去诠释历史概念，深入了解、研究学生，充分调动、挖掘学生学习历史的潜能是历史概念教学的根本原则，这就要求历史教师在教学中寻找一些能使学生对概念感兴趣的策略和方法。口述史料在历史课堂中的运用既符合学生的认知水平，又可以引起学生的学习兴趣，所以历史教师在历史概念教学中运用口述史料是讲好历史概念的重要方法。

1. 引入口述史料，创设情境

形成历史概念是需要学生对具体的史实进行感知的，而且感知的史实越形象，越有利于学生形成历史概念。历史教师可创设情境，引入历史概念相关亲历者的口述史料，引导学生感受历史，引起学生学习的兴趣。例如，在向学生讲解家庭联产承包责任制时，历史教师可引用曾任安徽省省长的王郁昭曾经口述的一段历史，这段历史的主题为小岗村的“生死文书”。在安徽省凤阳县，严宏昌是小岗

生产队的副队长，1978 年，他联合 18 户人家开展了大包干，18 位社员在当年 11 月 24 日的晚上，偷偷签订了一份“生死文书”，这份文书中主要有三条内容：一是分田到户；二是不向国家伸手要粮要钱；三是一旦干部坐牢，其余社员则养育其子女到 18 岁。历史教师在讲述的过程中带领学生进入当时的历史情境，调动其学习兴趣，使其进入学习家庭联产承包责任制概念的状态。

2. 朗读口述史料，加深对历史概念的理解

在讲述家庭联产承包责任制具有怎样的历史意义时，可以先邀请学生对原安徽省省长王郁昭回忆讲述的历史进行朗读：“坦率地说，当时对其中的细节我并不是很清楚。但到了第二年，小岗生产队创造了奇迹。18 户农民有 12 户超过万斤粮，油料产量超过合作化以来 20 年的总和，社员收入比上年增长了 6 倍。自 1957 年起，23 年来，第一次向国家交了公粮和油料任务，分别超额 6 倍和 80 倍。农民群众对‘大包干’赞不绝口；‘鞋合脚，政策好；人出力，地献宝！’‘大包干，真正好，干部群众都想搞。只要干上三五年，吃陈粮烧陈草。’”[①] 可以看出这样的经营模式提高了农民生产的积极性，解放了农村的生产力，促进了农业的发展。通过这种方式，可以加深学生对家庭联产承包责任制历史意义的理解，培养学生透过现象看本质的能力。

（二）历史事件教学中口述史料的应用

在初中历史教学中，历史事件教学是其重要组成部分。通过了解具体的历史事件，学生可以真切地感受历史的存在。相应的历史语境是历史事件教学必不可少的一部分，与当时的文化、政治、社会、经济等因素密切相关。教学中适当引用口述史料，对全面反映历史事件所处的社会现实、社会心理、社会生活有着重要的意义。

例如，在讲述资本主义侵略使中国自然经济崩溃时，历史教师可以引用蒋梦麟先生回忆家乡人民在近代变迁中“迷惘和阵痛”的一段文字：“我的家乡余姚离宁波不远。……老百姓现在已经能够适应新兴的行业，……女人已经不再纺纱织布，因为洋布又好又便宜。”[②] 寥寥几笔，就把当时人们对传统谋生手段消失的无所适从，面对新生产方式的无可奈何淋漓地展现出来，生动地表现出列强侵略对

① 新华社《国家相册》栏目组．国家相册：改革开放四十年的家国记忆 [M]. 北京：商务印书馆，2018.

② 周瑞霞．网络环境下的中学历史教学改革研究：以“历史家园”网站为载体 [M]. 芜湖：安徽师范大学出版社，2014.

民族经济、民众生活和心理带来的伤害，将近代社会发展过程中传统社会必须经历的“阵痛”鲜活地呈现了出来。总之，历史教师充分地营造出自然经济解体的氛围，可以让学生产生身临其境的感觉。

（三）历史人物教学中口述史料的应用

一段历史就是一段人类的活动史，由无数的历史事件错综复杂地交织在一起。一个历史人物不能改变历史，却能影响历史。历史人物是历史的主人，也是历史学重点研究的对象。所以，在初中历史课堂教学中，历史人物教学是初中历史教学的重要组成部分。在一些课堂教学实践中，历史人物的教学大多依赖历史教科书的叙述，教学过程比较教条，缺乏生动性，影响了课堂教学氛围和教学效果。要使学生对历史人物形成正确认识从而受到深刻的教育，历史教师在课堂教学中恰当地运用口述史料是其讲好历史人物的重要方法之一。

口述史料不仅具有珍贵的史料价值，还使历史记载更加细节化。传统文字史料中的历史人物，留给现代人的只是其中的一面，现代人很难窥见历史人物的全貌。口述史料是历史的细胞，能复原历史，让现代人看到过往历史的细节。历史教师在历史人物教学中运用生动形象的口述史料，可以使历史场面得以再现，历史人物的风采得到更好地展示，让历史人物的形象更加丰满，从而达到历史人物教学的目的。值得教师注意的是，历史学科讲求史料的真实性，在历史人物的教学中要追求口述史料的真实性，切不可为追求生动而失了真实性。

三、口述史料在不同教学环节中的应用

目前，历史教学界比以往任何时候都要重视史料教学，越来越多的一线历史教师开始重视口述史料在初中历史教学中的运用。笔者根据初中历史课堂教学设计，主要从以下几个教学环节谈谈运用口述史料的情况，希望对新课改背景下的历史教学有所裨益。

（一）导入环节中口述史料的应用

一次课堂教学能否成功，其关键在于这堂课能否充分调动学生的历史学习兴趣。调动学生学习历史的兴趣，使其形成有效的学习动机，提高历史教学对学生的吸引力，是历史教学的重要要求。

笔者认为，历史教师在进行新课程的讲授时，可以先将一些有趣生动的口述史料引入课堂，先充分调动学生学习历史的积极性，帮助学生快速融入新课的教

学中。当学生将自身的注意力转移到教学活动中后，学生将带着强烈的求知欲，主动积极地学习和思考，更有利于顺利开展教学活动并得到理想的教学效果。

例如，历史教师在教授人类起源相关历史知识时，可以讲述中外神话传说中许多关于人类起源的故事，如中国的炎黄传说、尧舜禹禅让传说和大禹治水传说。然而，这些仅仅是没有科学依据的神话传说。中国境内最早形成的人类是谁？人类是怎样产生的？早期的人类有着怎样的生活与劳动方式？这都是需要在这节课上研究探索的内容。历史教师要绘声绘色地讲述有趣的故事，将新课导入课堂，吸引学生的注意，引导学生怀揣着求知欲探索新课程，这种导入方式有趣且有效，能快速调动学生主动学习的积极性。

（二）突破重点和难点时口述史料的应用

不可否认，历史教学的重头戏仍是教学中的重点和难点部分。有些新课的重点和难点很强的理论性，有时甚至没有相关的过程说明及历史结论，而历史教师又无法仅用一两句简单的话语将此解释清楚，因此，学生总是认为这些重点和难点内容生涩、枯燥且难以理解。如何突破历史教学的重点、难点？历史教师可对有针对性地筛选口述史料，将之与历史教学有机融合，以口述史料服务教材中的重点、难点内容的学习。历史教师应引导学生对这些口述史料进行分析，辅之以讲解，帮助学生对重点、难点内容形成更深刻的理解。

例如，《抗日战争的胜利》一课的重点是全民族的抗战以及抗战胜利的原因和地位。从 1931 年“九一八”事变到 1945 年抗日战争胜利，很多内容都要在这一课中呈现，初中生对教学内容的理解难免停留在字面上，对这一阶段的历史缺乏深刻的认识。所以，历史教师在教学中可以引用一些口述史料，如《八路军老战士口述实录》《我的抗战》中的部分口述史料，让学生通过这些亲历者的讲述更真实地感受日军犯下的滔天罪行、日军给中国人带来的沉重灾难，以及全体中国人为全民族的解放所做出的英勇牺牲，从而更深刻地体会抗战过程中所体现出的民族精神和中国对世界反法西斯战争做出的重要贡献。这样，学生便能更容易、更深刻地理解与掌握重点、难点内容。

（三）对同一历史问题有不同评价时口述史料的应用

不同的人对同一历史问题往往有不同的评价，因此历史教师可以采用多种史料教学，列出口述史料和其他史料对这一历史问题的不同评价。学生通过对不同评价史料的分析，运用已有的知识和研究方法分析史料，对各种不同的评价展开研究、批判，并且解释其中的差异，从而引导学生总结出对这一历史问题的客观、完整的评价。这既能引起学生的学习与探究欲望，又能培养学生历史学习的能力。

例如，在讲授《太平天国运动》一课的时候，历史教师可以选取镇压太平天国的曾国藩的《讨粤匪檄》和英国人呤唎（Lindley）的《太平天国革命亲历记》中的部分口述史料。其中，英国人呤唎的《太平天国革命亲历记》属于口述史料中的回忆录，学生可以利用这些口述史料对历史问题进行互鉴互别。

曾国藩的《讨粤匪檄》："逆贼洪秀全、杨秀清称乱以来，于今五年矣。荼毒生灵数百余万，蹂躏州县五千余里，所过之境……一概抢掠罄尽，寸草不留……此其残忍残酷，凡有血气者未有闻之而不痛憾者也。"

呤唎的《太平天国革命亲历记》："不论他们（太平军）停留在某一占领地区的时间多么长，那里的景况总是和平的、满足的，只有在那些他们停留时间很短就马上撤走的地区，由于清军或趁火打劫的地痞流氓与成群结队的土匪强盗接踵而至，才遭到破坏毁灭。以上就是我的亲身体验。"

通过对史料进行互鉴互别，使学生明白同样是事件亲历者，由于政治立场、知识水平主观情绪等差异，两者对同一历史问题的描述往往未必相同，甚至是冲突的。口述史料的引用不仅让学生更全面地了解历史，还能帮助学生在学习的过程中提升对不同史料的鉴读能力。

（四）教材内容补充教学口述史料的应用

由于篇幅等原因，人教版历史教科书不可能把每个问题都讲得那么详细明了，历史教师可根据实际情况适当补充口述史料，以丰富教学内容。

在内容简略处，教师可以恰当地运用史料，创设历史情境，传达历史真实感，这种教学方法可以增强学生对历史人物、事件的认识。对这些史料的理解和掌握，有利于学生克服思维定式，养成探究精神。

例如，教师在讲授人教版历史教科书《中国历史》（第四册）的《艰辛探索与建设成就》时，由于初中生对史实所知甚少，而历史教科书只是罗列了几个简单的史实，更多的是观点的呈现，学生通过教材无法对历史有全面、深刻的了解。而该时期的口述史料却是非常丰富的，历史教师可以在课堂上引用已经出版的口述史作品，借助亲历者的讲述口述史料让学生更亲近那段历史，这样学生对历史的认识会更全面、深刻，能够增强学生的法制观念，使其认识到现代社会民主法治的重要性，从而实现教学目标。

第三节　口述史料的教学案例设计

一、口述史料应用于课堂教学的教学案例

（一）课程导入引用口述史料

案例：人教版历史教科书《中国历史》（第三册）的《正面战场的抗战》（片段）

（1）教学设计

本课共包含“台儿庄战役”“武汉会战”“第三次长沙会战”三个部分。本课的一个重点是让学生了解抗日战争时，中国人民抗击侵略军时所展现出的顽强拼搏的精神和奋勇杀敌的勇气。在课程导入阶段，历史教师引用参加过台儿庄战役将领的有关经历导入新课，提升本课内容的感染力。

（2）教学实施过程

①情境导入。台儿庄战役的图片再现了战士们视死如归、奋勇杀敌的战斗场面，能让学生感受到战士们的英雄气概，再配以战役亲历者的口述史料效果更佳。

口述史料如下：

史料一：

曹辅民，男，1920 年生……1938 年 3 月，他随三十一师开赴台儿庄前线。曹辅民老人回忆说：“当时三十一师指挥部就设在台儿庄运河铁路桥下一个地下室里，我的主要任务是看电话和管理地图，一分一秒都不敢离开……有一次我就听见池峰城师长打电话说：‘挑选身体强壮的，组织敢死队，一人一把大刀炸掉浮桥，自绝后路，背水一战！’当时那个战争场面比你想象的要残酷得多，比电影里的要激烈，说用枪林弹雨来形容，枪弹比雨还要稠。”

——《曹辅民：这就是当年的台儿庄战场》

史料二：

战争结束后，独立四十四旅专门抽了一个团，赶到台儿庄清扫战场。说到这段经历，老人很激动：“那个时候真是惨烈，五月的天气，很多尸体都烂了，环城河两岸臭气熏天……有时候我们还要抬担架，抬受伤的士兵，有的士兵半路上就不行了……”那一次，他们掩埋近 3000 具尸体，其中日军尸体 1000 余具。

——《台儿庄大战百岁老讲述当年抗战岁月》

②教师导入。从这两位老人的只言片语中，我们可以看到中国人民为取得战

役的胜利所付出的苦与痛、血与泪。那么，台儿庄战役的具体经过是怎样的呢？除了台儿庄战役之外，在抗战中，中国军队还取得了哪些胜利呢？

（3）设计意图

教材试图通过这三个部分说明中国人民众志成城、奋起反抗的决心。第一部分“台儿庄战役”的历史发生在山东境内，台儿庄也因此成为红色旅游学习的圣地。学生可能早已参观过相关红色旅游学习圣地，学习过革命前辈的英雄事迹，有了一定的知识储备。引用台儿庄战役亲历者的真实经历导入课程，在唤醒学生的爱国意识和培养学生爱国情怀的同时，也能起到教育学生向革命前辈学习不怕苦不怕累精神的作用。

（二）课堂情境营造引用口述史料

1. 人教版历史教科书《中国历史》（第三册）的《从九一八事变到西安事变》（片段）

（1）教学设计

播放《新编九一八小调》。

（2）教学实施过程

教师：1931 年 9 月 18 日夜，驻扎在中国东北的日本关东军经过精心的策划，炸毁沈阳北郊附近的一段铁路，反诬是中国军队破坏。日军以此为借口炮击中国东北军驻地北大营，攻占沈阳城，发动了震惊中外的九一八事变。下面我们来听一首音乐作品《新编九一八小调》。听完这首小调，请同学们结合课本内容思考：这首小调控诉了日本侵略者和国民党政府什么样的行为？

学生：日本侵略者以无耻的手段侵占了东北三省，给当地人民带来了巨大的灾难。在这水深火热的情况下，以蒋介石为代表的国民党政府却采取了不抵抗的政策。

教师：同学们总结得相当到位。尽管国民党政府采取不抵抗的政策，但不屈的东北人民和未撤走的东北军纷纷组织抗日义勇军。九一八事变也标志着中国局部抗战的开始。

（3）设计意图

同神话传说一样，以口头传述的形式代代相传的民谣，也属于口述史料的范畴。民谣虽小，却可以让人从中窥见世道人心，反映一时的社会情况。从作者以往的教学实践经验来看，纯文本的教学内容很难营造出生动的课堂情境。在课堂中运用音频式的口述史料，可以起到烘托课堂气氛的作用。

2. 人教版教科书《中国历史》(第四册) 的《中华人民共和国成立》(片段)

(1) 教学设计

本课包含“中国人民政治协商会议”“开国大典”“西藏和平解放”三个部分。准备在学习“开国大典”时，请学生阅读毛泽东在中国人民政治协商会议第一届全体会议上的讲话（片段）。

(2) 教学实施过程

教师:《中华人民共和国成立》是本学期的第一节课，请同学配合 PPT 的内容阅读课本。

教师展示以下史料:

诸位代表先生们，我们有一个共同的感觉，这就是我们的工作将写在人类的历史上，它将表明：占人类总数四分之一的中国人从此站立起来了。

——毛泽东在中国人民政治协商会议第一届全体会议上的讲话

教师补充：中华人民共和国的成立是一件多么振奋人心的事情，它标志着近代以来中国屈辱历史的结束，美好生活在向我们招手。

(3) 设计意图

教师引用毛泽东这一段昂扬的会议讲话营造了激动人心的情景，有利于培养学生的家国情怀，告诉学生：近代以来我们国家遭遇的屈辱已结束，自中华人民共和国成立后，属于我们的新时代已经来临!

(三) 课堂举例引用口述史料

案例：人教版历史教科书《中国历史》(第三册) 的《中国工农红军长征》(片段)

(1) 教学设计

本课共包含“战略转移与遵义会议”“过雪山草地”“红军胜利会师陕甘”三部分。在“过雪山草地”这一内容的学习中穿插展示一位长征亲历者的口述史料，可以让学生深刻认识到红军长征的艰难。

(2) 教学实施过程

教师：遵义会议后，红军不畏艰险，挥师北上，开始了二万五千里的长征。同学们可能很难想象红军长征的艰难，现在请大家看一位长征亲历者的遭遇（教师展示口述史料)。

草地那个苦啊，草鞋一天就走穿了，有人掉进烂泥坑里救不上来就牺牲了，其他人就从他肩上踩过。

——《长征姐弟近年才知“长征”》

教师：尽管长征途中困难重重，但是红军三大主力最终在1936年10月胜利会师，宣告着中国共产党的又一次胜利！

（3）设计意图

张学良曾表示，红军长征给他带来了巨大的震撼，他认为红军之所以能够成功，是因为他们拥有共同的主义、思想、信仰。在教学中，历史教师不能忽略红军在长征路上遇到的重重困难及其精神品质。亲历者的遭遇更能凸显红军那钢铁般的意志以及团结一心的精神，他们书写了传遍国内外、令世人钦佩的传奇故事。同时，这也能让学生明白今天幸福生活的来之不易，并勉励学生珍惜现在，创造未来。

二、口述史料应用于活动课程的教学案例

在该环节，主要以“社会生活的变迁”这一课为例，开展教学实践活动，借助该课程聊一聊烟台的变化。

（一）活动设计

①学生家长口述烟台的变化，展现改革开放后，烟台在党的领导下，人们生活方式和城市建设发生的变化，以凸显社会生活的多姿多彩。

②学会运用历史比较法，对历史亲历者所说的烟台饮食、旅游、城市建设、文化等方面的发展程度做出横向和纵向的对比，并能提出自己对城市发展的建议，树立荣誉感和责任感，从而更加热爱烟台这片热土。

③突出地方特色，选取贴近学生生活的资料，结合学生身边的历史资源，使学生获得直接经验。同时，通过老一辈人的口述史料，提升学生对口述史料的了解和认识，拓宽学生的视野，让学生养成正确的历史观。

（二）活动准备

①历史教师准备有关烟台城市的各类史料，以供学生观看和查阅。

②历史教师与学生共同探讨，提出整体设计方案，并给予指导意见和建议。最后决定进行模块学习，将本次教学实践活动分成“食”“行”“游”三个模块。

③历史教师将计划布置给学生，由学生根据自己的兴趣，选择课题进行研究，学生组成研究小组，并推选出一位组长负责全组事宜。

④历史教师、学生共同参与选取学生家长的事宜，统筹兼顾家长的时间、经

历等，最好选取在不同地区居住的家长，以更全面地叙述烟台整体的变化，展示烟台生活的多姿多彩。

⑤各组成员围绕主题收集有关烟台变化的图片，配合家长的体验，学生能更为直观地看到这座城市的变化。小组成员分工合作、密切配合，历史教师宏观把控小组成员及其活动。

（三）活动过程

历史教师用PPT展示本课课题“社会生活的变迁——聊一聊烟台的变化”

1. 教师导入

教师导入词：非常感谢家长们在百忙之中抽空参加活动，本次活动的顺利开展离不开大家的支持。说起活动的主题“社会生活的变迁——聊一聊烟台的变化”，相信在座的每一位，无论是各位家长还是同学们都不陌生，当然各位家长会更有感触。城市变化的一点一滴我们都看在眼里，并享受着变化给我们带来的便利。今天我们将结合家长代表的经历和认识，来看烟台的变化。

2. 小组内部交流

全班共分为9个小组，小组成员按内部分工，围绕所选主题查看资料汇报研究情况，务必使每一位同学都能完成任务，并选取一人做模块总结。

3. 以组为单位汇报研究成果

多媒体播放烟台城市形象宣传片，打造视觉盛宴，营造课堂氛围，之后以小组为单位汇报具体的研究成果。

4. 教师总结

今天我们邀请家长和我们一起聊了聊烟台的变化，我们看到了改革开放后，无论是烟台辖下的乡镇还是烟台市区，较之以前都发生了翻天覆地的变化，社会生活更是变得多姿多彩。那么怎样使烟台发展得更好？我们需要做些什么？希望大家都要好好地思考一下这些问题，再次感谢各位家长的到来。

①活动评价，采取学生互评、教师评价等多重评价的方式，对本次教学实践活动、活动中各国同学的表现进行评价。

②活动反思，教室是一个小课堂，而社会是一个大课堂，历史教育必须与社会现实结合，历史教学实践活动必须充分利用社会资源。学生在课堂上学习时很难与社会发生实际接触，所以将学生家长这个有着丰富的社会经验、亲身感受着社会变化的群体邀请到课堂中，充当学生与社会沟通的桥梁。同时，以家长口述的烟台变化来展示改革开放后的社会生活，可以加强学生的文化体验和历史感受，

更能使学生在无形中感受到改革开放后人民社会生活的变迁以及精神生活质量的提高。

③课后作业，教师要求学生从自身视角出发，写一篇关于烟台社会生活变迁的小论文。

活动采取了家长讲述—提供口述史料—学生出示实物史料—学生结合史料得出感悟的形式。从整套模式来看，活动弱化了历史教师的主导地位，增强了学生学习的主体性和自主性，增添了新的课堂元素——家长，形成了教育合力。此次活动灵活地运用了身边的资源，丰富了课堂教学的模式，再次拉近了学生与家长、学生与历史的距离。对于参与这次活动的主体来说，这是一场不可多得的文化体验。

改革开放以来，社会发展有了质的飞跃，烟台也得到极大地发展。初中生由于年龄的局限，并未能切身感受到城市的变化。通过聆听学生家长讲述的关于城市变化的一点一滴，学生意识到我们现在居住的城市原来并非那么完美，它也在不断地变化发展着，这可让学生进一步思考自己现在和未来能为城市的继续发展做些什么。

第四节　口述史料的应用原则和策略

一、口述史料应用于初中历史教学的原则

（一）重视口述史料与管理记录的数字化

作为一个实践性和操作性很强的研究领域，口述史学的兴起与发展直接得益于现代技术的发展。美国现代口述史学代表人物艾伦·内文斯就曾直言："口述史学诞生于现代发明与技术。"① 不可否认，现代技术为口述史学的发展提供了条件，促进了口述史学的数字化转型。笔者认为，要充分利用现代技术提供的便利条件，重视对口述史料的数字化管理、运用，这主要体现在对口述史料的数字化记录、管理和传播等方面。

数字化记录使人人都有可能成为自己的历史学家，现有的口述史料固然重要，

① 杨祥银．数字化革命与美国口述史学[J]．社会科学战线，2016（3）：106—120.

但也要不断地收集口述史料，丰富口述史料资源。每个人都可成为口述史料收集者，对初中生来说，课业较为轻松，有时间和精力进行口述史料的收集。历史教师应在培训学生使用现代设备的基础上，指导学生在历史教学实践活动中，按照具体步骤去收集口述史料，实现“人人都是他自己的历史学家”这一教学目标，促进学生的全面发展。

数字化管理可以将口述史料具备的应用价值充分发挥出来，一直以来，口述历史采用了以人工处理为主的传统管理模式，使用者不同使得形态多元化的口述历史资源难以得到充分利用，而数字化管理模式使口述历史的传统管理模式得到了大大地改善，提高了口述史料的使用率与访问率，进而充分发挥口述史料所拥有的应用价值。数字化管理模式的应用，也为口述史料的普及、查询和核实提供了便利，极大地丰富了可用于教学的口述史料资源，提高了教师和学生获取口述史料的效率，为口述史料教学的开展储备了教学资源。

口述历史的影响力也在数字化传播的带动下得到了提升。数字化以极快、极便利的优势，使得更多领域的人们提高对口述史料的关注度，大幅提升了口述历史的影响力。

（二）加强口述史料查询的平台化

通过网络将载有口述史料的音频、文字与视频素材上传到网站，供人免费下载和阅读，加强口述史料查询的平台化。这不仅有助于让学生获取更全面丰富的课外口述史料，还有助于师生深入研究口述史学。为提高初中生历史学习的效率，笔者建议建立专门的口述历史教学资料的查询平台，以便学生在课下也有查询口述史料的渠道。口述史料查询平台不仅要有口述史资源，还应向学生提供口述史料的研究方法，同时可以设立专业人士咨询平台和学生的交流、查询平台，以便学生及时获取口述史料最新的研究，拓宽学生的历史视野。

（三）注意鉴别口述史料的真假

口述史料是基本受访者的记忆而出现的，而受访者的身体状况、情绪和压力水平都可能影响他们的记忆。因此，受访者可能会出现遗漏部分细节或对事实产生错觉的问题，进而影响口述史料的真实性。教师需要仔细筛选口述史料，只挑选符合客观事实的口述史料。为了提高口述史料的可信度，教师在教学过程中应该选具用权威性的口述史料，并在引用口述史料时注明出处。同时，教师需要确保口述史料不是孤立存在的，所以要结合其他文献史料来对其进行相互验证，以加强口述史料的可信度。在分析口述史料时，教师应该平衡情感和逻辑，使学生准确理解历史事件，并培养学生正确的思维观念。在口述史料相关教学实践活动中，初中生可能因为能力不足而无法完全确定史料的真实性，因此需要教师在日常课堂教学中重视培养学生的史料判断能力。

（四）结合口述史料与地方文化资源

地方文化资源和口述史料之间的结合，源于它们之间的共通之处。在初中历史课上，教师可以通过口头讲解历史资料，并结合地方文化资源，例如，讨论改革开放对当地人生活方式的影响。教师可以通过引导学生观察家乡的变化，教育他们认识改革开放对社会的影响，这样不仅能够加强历史知识与现实生活的联系，同时也有助于培养学生对家乡的情感。教师可以安排一个活动，让学生在课前拍摄家里保存的传统物件和现代科技产品，然后与家中曾经亲历改革开放时期的长辈进行交流和采访。通过使用富有当地特色的图片资料和口述史料，教师能够拉近历史与现实之间的关系。在广东省茂名地区的中学课堂上，教师引导学生结合口述史料教学实践活动和地方文化资源，了解当地的非物质文化遗产如“年例”、木偶戏以及冼夫人文化，帮助学生更深入地了解家乡文化。这种教学方法不仅可创造出具有独特魅力和特色教育风格的学校，还可以促进特色课程的创新发展。然而，考虑到初中历史课程的紧迫性，教师不应过分依赖口述史料进行教学实践活动。应该考虑将当地文化资源融入历史课程内容，开展具有地方特色的口述史料教学实践活动。

（五）创设和谐的师生关系

以前的历史课程强调教师的主导作用，学生普遍认为教师在课堂上是权威，因此很多学生不敢与教师互动交流，担心自己答错会受到批评。初中生正处于青春期，情感容易受到影响，教师在引导学生时应避免采取过于专横和强硬的态度，以免引起学生的消极情绪。口述史料可以生动地展现受访者的真实情感，有助于激发学生的共鸣。在这种情况下，教师可以充当学习引导者的角色，主动创设和谐的师生关系改变从前刻板的权威代言人形象，鼓励学生参与课堂讨论并表达观点，从而提升口述史料在教学中的应用效果，实现教学目标。然而，考虑到初中生在身心方面仍在发育阶段，需要教师给予他们耐心的引导和支持。因此，在口述史料教学中，教师扮演着至关重要的角色。

二、口述史料应用于初中历史教学的策略

（一）以小见大，挖掘历史细节

口述史料关注的对象范围在下层民众与上层精英的基础上不断扩大，使得口述史料的内容得到了进一步扩充，大量普通人视角的故事被纳入其中。正是这种挑战传统、以基层为起点的研究方法，为历史教学开辟了新的思路。与同一时代的政治要人相比，普通人的生活经历通常更朴素平凡。他们所积累的历史记忆、个人经历、观念、生产生活等，都承载着历史的珍贵内容，其中隐藏着许多关键历史细节，是宝贵的历史教材。

为了在口述史料中记录历史细节并通过普通人的故事展示大历史，历史教师可以选择以下两种方法来实现这一目标：

1. 以教学节点为切入点

教学节点通常包括具体的教学步骤、开场引入、延伸练习和课程总结等部分。在进行教学时，教师应该以课程目标为中心，教师需要对教学内容进行深入的探讨和研究，巧妙地将各种口述史料融入课堂教学中，为增添相关教学细节。举例来说，教师可以在教学引入阶段借助历史细节来引起学生的兴趣，引起他们的好奇心。在深化和扩展阶段，教师可以利用更具体、更丰富的史料来阐释事件，而在总结阶段教师则可简明扼要地回顾要点，而不必深入细节。因此，历史教师应当有意识地选择性地运用口述史料的细节，以顺利展开各个教学环节。

2. 以具体的目标为指导

教师在开展教学活动时对充分运用历史细节，并不代表对口述史料的随意使用甚至滥用，运用历史细节应是一种带有目的性的教学手段，能在有限的教学时长中充分发挥典型历史细节的教学效果。所以，历史教师应在具体教学目标的有效指导下实现历史细节的渗透，即正确选用口述史料。具体而言，应从以下几点发挥历史细节的功能：第一，渲染与还原历史场景；第二，调动学生兴趣；第三，渗透情感教育；第四，将历史人物的活动呈现出来，使学生对历史人物有正确的认识；第五，研究历史细节，对问题进行分析探究，提高学生的历史思维能力。

历史教师在进行教学实践活动时，容易面对两大难题：一是虽然历史教科书是承载历史知识的重要载体，但由于历史教科书篇幅有限，往往只能对历史事物做出简单叙述；二是由于学生文化水平、年龄、时代背景、知识、阅历等的局限，在运用史料时，无法使学生深入相应的传统历史情境中，导致学生很难真正理解历史。以小见大的教学视角非常重视教学中的历史细节，并认为其是帮助学生理

解历史的关键，通过在具体的教学目标指导下了解历史细节，学生可以对历史叙述有更生动、具象的了解，从而更深入地理解历史。

（二）转换口述群体，还原历史多个侧面

站在整个史料体系的角度看，利用当事人提供的口述完成对已有史料的补充，拓展出新的历史叙事方式，为历史教学带来更多有效的启发就是口述史料最大的存在意义。口述史料力求新的叙事视角，要求不断补充丰富已有史料，将历史的各个面貌逐渐还原。例如，在近现代时期，中国在清政府长期落后的统治下，发生的如战争、革命活动等重大历史事件都有相关的官方记录，在中华人民共和国成立后，很多历史学家耗费大量精力，对包括口述史料在内的、形成于中国近现代时期的各种新史料进行了挖掘，收集了多个历史事件如义和团运动、太平天国运动以及辛亥革命等的口述史料，有力地印证和补充了官方文献记载。

口述中的历史资料为初中历史教学提供了丰富的实质性支持和素材，有助于改进教学质量。一般来说，口述史研究的特点是通过探索不同群体的叙述，倾听他们的经历，以多个角度还原历史事件的真相。通过口述史的研究方法，可以从多个角度还原历史真相，通过口述史料来补充现有的文献史料，逐渐接近历史真相，解决历史研究中出现的疑问和矛盾。历史叙述日益丰富，因为不断有口述史料不断为其增添新内容。在研究历史时，依然重点关注传统历史叙事中的重要历史人物，这也是许多教学方法的关注焦点。一些亲历历史的小人物及底层群众并不会在历史课堂与其他类型史料中常常出现，但他们讲述的口述史料可以多维度、多方位地对真实历史的补充。口述史客观、平等地面对所有亲历者，以调查采访的形式将其亲历回忆收集起来，对相关历史进行补充，使读者可以从多种角度看到更加丰富、真实的历史。口述史对劳动者、华侨、妇女、文艺工作者等常常被忽视的群体也一视同仁，收集他们的经历，有助于补充历史，让学史者看到更完整的历史。

历史教师在进行教学时，可从以下两个角度对口述群体的视角进行切换，为学生提供认识、理解历史的更多的视角：

第一，除重要历史人物的普通人视角。以斯大林模式为例，不仅可以站在当政者的角度对斯大林模式取得的成就进行分析，还可以立足于底层人物的视角，通过其经历了解斯大林模式对民众的各种影响，由多维度了解斯大林模式优点和弊端，帮助学生更加全面地认识斯大林模式。

第二，不同群体提供的更多口述史料视角。如妇女群体常常游走于历史学研究的边缘，可将其作为教学切入点，以妇女群体口述史料的视角对历史进行补充。当教学内容与妇女群体有关时，历史教师可以引用一些农村妇女针对当时社会状况的口述史料，通过观察其日常生活延伸到社会状况，以小见大，同时，将不同的社会群体引入历史课堂中，也会引起学生学习历史的兴趣。但很多时候，历史教师往往会对新视角过于关注，导致其忽略了传统群体具备的话语权。例如，一些历史教师过于看重普通人社群对斯大林模式的口述史料，但忽略了传统群体的口述史料，导致这些历史教师未能完全还原历史真相。

（三）以学科交叉的口述史料成果补充教学

与传统的历史研究方式相比，口述史的研究对象、方法及视角都有了一定的改变和拓展，其综合作用赋予了口述史跨学科性的重要特征。口述史不仅要对历史真相进行挖掘，还要对历史进行解释，因此，口述史研究应不断向更多的学科领域拓展研究视角。作为一种有效的研究资料，口述史料被广泛用应用于民俗学、社会学、教育学和文学等各个学科领域，为这些领域拓展出了丰富的内容。随着历史教育理念的持续发展和更新，初中历史教学内容不断扩展，口述史料也变得越来越重要。此外，跨学科融合产生的口述史料对学生更深入了解历史、从不同视角认识历史以及加深对历史的理解和认识具有重要意义。这说明历史教师需要时刻关注口述史研究领域的最新进展，积极了解口述史的最前沿知识，不断学习并整合各学科交叉的口述史料成果，以进行补充教学，提升自身口述史研究的学术水平，进而提高教学质量。

要进行学科交叉口述史料成果补充教学，首先，教师需要研究教学内容，寻找和发掘其他学科与历史学科的联系。例如，对社会生活与经济史进行联合分析，了解其中的历史，进而建立起经济史与饮食、服饰等研究领域以及与其他学科如建筑史、社会史等之间的有机联系，通过切换不同视角对历史知识进行补充，引起学生的兴趣。

其次，教师应在历史教学中适当融入学科交叉口述史料成果。一方面，要保持引入数量适当，使其能将相应的教学功能发挥出来，切勿本末倒置，扭曲历史教学的初衷。另一方面，应对学生的学习能力做出考量，不可选择没有思考空间、过于浅显的口述史料成果，减弱学生的探究兴趣，也不可选择具有太强争议性的口述史料成果。

2013 年，中央美术学院成功制作了《百年美院 · 口述历史》纪录片项目。这部纪录片呈现了中央美术学院自 1918 年至 2018 年的发展过程，同时也折射出整个中国近现代历史的演变。在探讨中央美术学院成立党组织并参与救国活动的历史背景时，就展现了口述史料学科交叉成果，探讨了美术学科和教育领域的相关议题。这个视角不仅别具一格，而且可以帮助教师实现教学目标。

第五章　实物史料在初中历史教学中的应用

本章为实物史料在初中历史教学中的应用，共三节，分别是实物史料的概述；实物史料的应用策略；实物史料历史课堂教学案例。实物史料在初中历史课堂教学中价值巨大，教师要充分利用实物史料来进行教学。

第一节　实物史料的概述

一、实物史料的含义

在人类历史上，人类留下的或者和人类活动相关的遗迹、遗物被称为实物史料。遗迹包括遗址、宫殿、基地等。遗物包括生活用品、劳动工具、装饰品等。

实物史料可以分成两个不同的等次，即第一手史料和非第一手史料。第一手史料是通过科学的勘察和发掘得到的，有着准确的年代依据和地层关系；还有一些文物不是专业人员获取的，已经没有地层关系，但是研究人员利用可靠材料进行比对后确认了年代，这样的实物史料也是第一手史料。非第一手史料是由研究者基于第一手史料进行深入分析、整理、归纳后所著的书籍、论文等。

实际上，实物史料的外部延伸资料同样丰富多样。实物史料，当然也包括遗迹、遗物，这些都是可以用肉眼看到的，是真实存在的，因此现代人可以真实地感受到；但是由于实物史料是非常珍贵的并且大多难以移动，所以我们一般是无法触摸相关物品的，也很难去实地查看。这些限制为实物史料在教学中的应用带来了不便。然而，随着现代科技的进步，时间和距离的限制慢慢被打破，这为初中历史教学中实物史料的应用带来了很大的便利，也拓展了实物史料的外延。所以，传世文物、考古文物以及实物的图片、模型、相关的音像影视史料等都可以用于初中历史教学，这些都是很好的实物史料，如果教师在教学当中充分地对它们进行利用，可以使教学效果大幅提升，也会使学生的学习效率有一定程度的提升。①

---

① 王艳茹．实物史料及其教学应用浅析[J]. 内蒙古教育（职教版），2012（3）：40-41.

二、实物史料的分类

实物史料通常分成三种类型，即考古文物、实物图录资料以及实物教具模型。

（一）考古文物

考古文物是考古学家在地下发现的，是可靠且具有真实性的。从当今社会的发展情况来看，在和平年代里，人们普遍对家传文物非常感兴趣，这类文物的市场交易也是很多的，并且在人们的生活中逐渐掀起了一股文物热，网络上、电视中出现了很多文物鉴定节目。事实上，在初中的历史课程中，也可以对此加以借鉴，为了更好地将实物史料融入教学实践中，教师有必要带领学生深入探讨考古文物和传世文物在历史教学中的重要性。这些珍贵的文物不仅是历史的见证，更是传承文化的载体。因此，将它们引入历史教学中，对于提升学生的学习效果以及国民的整体素质具有深远的意义。

（二）实物图录资料

实物图录资料包括图片和音像影视资料，这样的形式可以更加直观地将事物的原貌展示出来。以前，在教学的过程中，历史教师想要借助文物进行讲授时常苦于拿不到珍贵的文物，更不能直接把学生带到遗迹面前去现场讲授，但在科技发达的今天，历史教师就可以借助丰富的实物图片与音像影视资料进行辅助教学，从而解决这一难题。历史教师可以直接通过网络或在一些博物馆的官网获取图片和影像，除此之外，有很多摄影师和摄影爱好者会拍摄一些实物图片和影像并发布在网络上，这大大拓宽了历史教师获取史料的渠道。比如，在讲人教版历史教科书《中国历史》（第一册）的《中国境内早期人类的代表——北京人》的时候，历史教师就可以把北京人头盖骨模型的图片展示给学生。学生看到模型后表现出惊讶时，就可以告诉学生，这只是头盖骨的复原模型，真正的实物已经找不到了，然后再把头盖骨化石的故事讲给学生听，使学生更有兴趣去学习历史。第 2 课是《原始农耕生活》，历史教师在讲述完河姆渡人的生产与生活之后，可以给学生播放河姆渡相关音频资料，一边播放一边进行引导和补充，目的是使学生产生身临其境的感觉，仿佛真的来到了河姆渡人生活的地方，这样能够吸引学生的注意力，提高学生的学习积极性和主动性，对所学知识留下更深刻的印象，从而产生良好的学习效果。

（三）实物教具模型

教育是相通的，因此，课堂教学的作用不应该仅局限于知识点的传授，还要从多个层面进行互动。例如，实物模型可以锻炼学生动手和动脑的能力。学生在制作教具的过程中，既可以体验到历史的魅力，又能增强自身的历史思维能力和动手能力。在制作实物模型的过程中，学生需要深入研究其历史背景，了解古人制作工具的方法，要思考古人选择特定材料的目的、设计出独特结构的目的以及这些设计在当时社会背景下的意义。这样的深入思考，让学生有机会揭开历史的神秘面纱，理解历史的真实面貌。此外，通过亲手制作实物模型，学生可以更直观地感受到古代人民的智慧，以此来增强民族认同感与自豪感。现今，在城市生活的学生占很大一部分，他们接触和农业相关的事物较少，这就为学习带来了一定的障碍。因此，历史教师可以让学生结合教师的讲解亲手制作实物史料的模型。历史教师在教学中利用实物的图片和相关的音像影视史料进行辅助教学，可以让学生对知识产生更加深刻的印象，进而促进学生的学习成绩提高，对学生身心健康发展也很有帮助。

三、实物史料的理论依据

在初中历史教学中利用实物史料培养学生的史料实证素养，离不开历史学理论和教学理论的支撑。只有理论与实践有效结合，才能使教学效果事半功倍。

（一）二重证据法

王国维的二重证据法为历史研究提供了指导，“吾辈生于今日，幸于纸上之材料外，更得地下之新材料。由此种新材料，我辈固得据以补正纸上之材料，亦得证明古书之某部分全为实录，即百家不逊之言亦不无表示一面之事实。虽古书之未得证明者，不能加以否定，而其已得证明者不能不加以肯定，可断言也”[①]。可见，所谓二重证据法就是将“纸上之材料”与“地下之新材料”相互印证来解决历史研究的重大问题。许多实物史料属于“地下之新材料”的范畴，教师在教学中要充分利用这部分实物史料，将这种研究方法有意识地带给学生，以实物史料与文献史料的互证来培养学生的史料实证素养。

① 王国维．古史新证：王国维最后的讲义[M]．北京：清华大学出版社，1994．

（二）认知主义学习理论

认知主义学习理论认为“有效的学习需要学习者进行一系列的认知加工活动”。[①] 无论是布鲁纳的认知—发现学习理论，还是奥苏贝尔（Ausubel）的有意义学习理论，都在强调学习者的学习主动性，提高学习主动性的一大要素在于引起学习者的兴趣。初中生对历史抱有浓厚的兴趣，但由于篇幅原因历史教科书往往呈现的是历史概要，难以拉近学生与历史的距离。为了使学生对学习历史保持浓厚的兴趣，教师可以补充实物史料展现历史的细节，让学生感受到真实的历史，历史细节可以以小见大，使学生更真切地了解和认识历史。利用实物史料可以直接展示在学生眼前这一有利因素，学生可以主动发现实物史料涵盖的历史细节，进而再现历史。

四、初中历史教学中应用实物史料的意义

（一）有助于提升教学质量

提高学生的学习兴趣，对于改善教学效果和提升教学质量都有着十分重要的影响。如今，有很多人觉得历史这门课程并不重要，在中考的时候，历史科目一般是开卷考试的形式，所占的分值也相对较低。因此，学生不会将更多的精力放在学习历史课程上，这对于历史教学来说，无疑是一个很大的挑战。为了改善这种状况，适应新课程改革的要求，很多历史教师将实物史料引入历史教学，也积极借助现在的多媒体设备从多个方面进行讲授，目的是营造一种轻松且生动的教学氛围，提高学生学习历史的兴趣，进而提升教学的质量。

尽管历史学科在教学方法上取得了一定进步，但在实际的教学过程中，仍然可以存在一个明显的不足，那就是初中历史教学中对实物史料的运用往往显得不够充分。历史，作为对过往事件的记录，其本质是一种沟通过去与现在的桥梁。文字的产生，无疑为人类提供了记录历史的宝贵手段，使得学生能够跨越时空的限制，通过文字资料来还原历史现象和事件。然而不得不承认，对于现代学生而言，单纯的文字叙述可能显得沉闷且难以理解。尤其是当面对那些发生在遥远时代的历史事件时，学生往往难以与这些事件建立起情感联系和认知共鸣。实物史料具有补充和验证文字资料的作用，虽然文字史料为学生提供了大量的历史信息，但它们所记录的内容并非绝对真实，有时也可能存在误差或偏见，实物史料就能

① 陈琦，刘儒德．教育心理学[M]．北京：高等教育出版社，2011．

够很好地解决这些问题。实物史料的准确性较高，会给学生带来巨大的视觉冲击，这样的直观感受，可以显著提升学生对历史学习的积极性，进而营造出积极互动、富有活力的课堂氛围。在这样的教学环境中，学生能够更加深入地理解和掌握所教授的历史知识，同时，他们的思维也会变得更加敏捷和灵活。这种教学方式不仅能够优化教学效果，更能提高学生的学习效率和质量。

例如，在教授《中国历史第一册》的《中国境内早期人类的代表——北京人》这一章节时，为了使学生能够更加真切地感受北京人的生活状态，历史教师可以采用一种创新的教学方法，让学生仿佛置身于那个古老的时代，体验北京人的日常生活。为了营造一个真实的历史情境，教师可以借助多媒体教学资源，为学生呈现北京人的生活场景，通过大屏幕播放经过精心制作的动画或视频，展示北京人一天的生活。除了详细的文字描述和多媒体资源的呈现，教师还可以结合考古发现和历史文献，为学生提供更多的背景信息和知识拓展。在教学模式上，教师可以将学生分成若干小组，每个小组负责研究北京人生活的不同方面。小组成员可以通过查阅资料、讨论交流、整合信息，最终形成一个完整的北京人生活场景展示。在历史教学中，让学生深入感知历史细节是至关重要的。这种感知不仅有助于学生更好地理解和记忆历史知识，还能够培养他们的历史素养和综合能力。例如，对于北京人使用的石器工具，教师可以通过展示相关的实物图片或模型，让学生更直观地了解这些工具的形状、材质和使用方法，还可以组织学生进行课堂讨论，在讨论中，学生可以分享自己的感受和理解，相互交流和启发。这样不仅能够加深学生对历史知识的认识，还能够培养他们的批判性思维和表达能力。最后，教师还可以要求学生进行简短的课堂总结，通过总结，学生可以巩固所学内容，加深对历史的认知，并培养自己的归纳和概括能力。

又如，在人教版历史教科书《中国历史》（第一册）的《原始农耕生活》的教学中，讲到半坡居民的生产和生活时，历史教师可以向学生展示教具模型，让学生直观地感受当时半坡居民住所的结构特点，历史教师可以带学生做一个小实验，让学生了解这样的建筑结构出现的原因和它的优势。当讲到河姆渡人的时候，历史教师可以通过 PPT 将古代生产工具耒耜和现代生产工具铁锹展示给学生，通过两者的对比，使学生感受古人的智慧，了解古人的伟大之处。总之，这种将实物史料引入课堂的情境设计，不仅可以提高学生的学习兴趣，还能使历史教师的教学效率得到提升，进而提升教学的质量。

（二）有助于培养学生的史料实证意识

初中阶段的学生不管是生理还是心理都没有发育完全，仍处在发展的阶段，他们对世间万物都充满了好奇，然而他们对世界的认知却是不够完整且不清晰的。

历史的科学性在于其所有事实都建立在坚实的证据之上，这些证据保证了历史事实的客观性和真实性。在科技尚未高度发展的时代，学生们主要通过历史教师的课堂讲解、教科书和课外书籍等渠道来学习和了解历史知识。在信息时代，互联网技术为人们提供了海量的信息，使人们可以从网络上获取很多历史知识，但一些错误的历史知识会对学生的学习生活产生不利影响。因此，教师在应用实物史料时，要对史料进行实证。这样可以使学生更好地辨别真假对错。在历史教学中，如果历史教师只利用讲授法向学生传授知识，毫无疑问，这将是一堂十分枯燥乏味的历史课；当把实物史料应用到教学中时，就能够将理论和实践进行有机结合，再结合历史教师的讲解，逐渐培养学生的史料实证意识。

以《原始农耕生活》的教学为例，历史学界普遍认为中国是世界上最先栽培水稻的国家，是因为迄今为止最早的人工栽培的种植水稻是在我国江西省发现的，具体来说，是在吊桶环遗址发现的。同样，在河北省的磁山文化遗址中发现的粟也证实了中国是世界上最早人工种植粟的国家。

（三）有助于培养学生的历史思维

历史思维是对过去事件、人物、社会变迁及其背后的规律与特性进行深度挖掘和理解的思维。史料探究教学是一种以史料为基础的教学方法，旨在通过引导学生深入探究史料，培养其独立思考能力和历史思维。这种方法强调学生的主动性，鼓励他们积极参与、主动思考，而不仅仅是被动地学习知识。

一名历史教师的使命远不只是传授书本上的知识，更重要的是引导学生深入历史的核心，理解并掌握历史研究的基本规律，从而激发他们的历史学潜能。通过深入研究历史，可以让学生更好地理解人类社会的演变过程，更全面地理解人类社会的现状，更好地展望人类的未来发展。

教师在教学过程中让学生运用史料进行探究具有重大的意义，这是引导学生深入领会历史、塑造科学历史观念的关键途径。通过史料的运用，学生能够将历史上的事件转化为认知历史的媒介，进一步把握历史的真实面貌。史料的利用能为学生提供确凿的证据支撑，以验证历史观点，从而培养学生的历史思维。

作为历史教师，要能够有效利用史料丰富教学内容，要对实物史料展开深入的探究，以便将其更好地融入教学之中，从而培养学生的历史思维以及探究历史的能力。一方面，历史教师可以在教学中进行耐心地讲解，培养学生认识和理解实物史料的思维，并使学生掌握探究历史的方法。另一方面，学生可以在历史教师的引导下，独立地对史料进行搜集、学习以及运用。这样，学生对于实物史料的兴趣就会逐渐提高，学生自主学习与独立思考的能力也会得到提升。

历史教师在日常教学中对实物史料进行讲解，不仅能够培养学生的史料实证意识，还能使学生掌握探究实物史料的方法，提升其分析历史实物的能力，养成独立思考的习惯，学会自行收集资料信息。在进行课堂总结时，可以让学生尝试对历史进行反思，对学习实物史料的方法和技巧加以巩固，从历史中吸取教训。在布置课后作业时，让学生利用课上学到的东西进一步收集和整理相关史料，然后把自己的观点写成历史小论文，加强学生“论从史出，史论结合”的历史探索精神和思维能力。

以《原始农耕生活》的教学讲授为例，教师在讲到河姆渡遗址和半坡遗址时，不应该仅仅把历史学家的研究结论传递给学生，而应设法让学生真正理解这些结论，同时，要让学生向历史学家学习，学习他们探求真知和思考问题的方法以及态度，要让学生从对实物史料的分析中总结自己的观点，然后发表自己的看法。

第二节　实物史料的应用策略

一、课堂教学中的应用策略

（一）注意实物史料的有效获取

首先，历史教师要尽可能用第一手史料，即原始历史资料。在选择史料时，历史教师应遵循一定的原则，确保所选史料能够真实反映历史事件的原貌，同时符合初中生的认知特点。历史教师应分析学生的学习情况，了解他们的知识储备和兴趣爱好。其次，教师要选择适合初中生学习的史料，确保他们能够理解和接受。最后，教师所选史料应能够反映当时社会的整体状况，具有一定的代表性，使学生能够全面了解历史事件的背景和影响。在讲解史料时，历史教师应采用深入浅出的方式，用简洁明了的语言表述复杂的历史事件。

在历史课程的教学准备过程中，历史教师不仅要广泛搜集课外实物史料以丰富教学内容，更要深入研读历史教科书中的史料图片及相关内容。作为学生学习历史的基础，历史教科书中的每一份史料都经过了精心的挑选和编排，承载着丰富的历史信息。历史教师需要对历史教科书中的史料图片等内容进行细致的分析，挖掘其历史背景。除了传授历史知识外，历史教师还应注重培养学生的史料分析能力，要鼓励学生自主地从史料中发现并提炼出有价值的信息，有效获取史料形成自己的见解和判断。这样，学生不仅能够更好地理解和记忆历史知识，还能在未来的学习和研究中具备独立思考和解决问题的能力。

（二）运用实物史料精心导入

首因效应是指最初接触到的信息所形成的印象对人们以后的行为活动和评价的影响，在平常的历史教学中，首因效应通常集中体现在一节新课的导入方面。历史教师在课堂导入时可以利用实物史料吸引学生的注意力，让学生对接下来要学习的内容产生好奇，从而引起学生的学习兴趣。

比如，在讲授《原始农耕生活》一课时，历史教师可以用生活中常见的小麦与大米的实物作为切入点，运用实物史料精心导入课程，进而寻根溯源，引出我国原始农业的进程与借此实现定居模式的河姆渡以及原始半坡居民的历史。这节课一般需要借用实物史料精心引入，这既可以加深学生印象，促使其产生学习相关知识的浓厚兴趣，又拉近了现实生活与历史的距离。

（三）运用实物史料与历史学理论结合方法

文字史料在传播中很难完整保存，有的或许已经失去了真实性，这时就要借助出土文物等实物史料来证明其真实性，运用实物史料与历史学理论结合方法，提高学生“史论结合”的技能。

在学习与研究历史时，在没有准确史料的条件下，不可轻易下结论，需要在精准的实物史料或文字史料的证明下，对它做出一个真实的判定，实现“论出于史”，在历史授课中，历史教师需要向学生宣传此类方法与意识。

在具体历史授课中，最为典型且最重要的莫过于王国维在《古史新证》中提出的“二重证据法”，其具体内容为“吾辈生于今日，幸于纸上之材料外，更得地下之新材料。由此种材料，我辈固得据以补正纸上之材料，亦得证明古书之某部分全为实录，即百家不雅训之言亦不无表示一面之事实。此二重证据法惟在今日始得为之”。意为通过地下挖掘出的古代文字史料与考古实物史料彼此互证，进而确保其真实性与准确性。

二、实践教学中的应用策略

（一）开展与历史实物史料相关的教学实践活动的开展

在生活当中存在不少实物史料，历史教师可以运用此类资源，进行与之有关的教学实践活动，以增强学生的学习热情，加强学生对于历史相关知识的把握。

案例：我有传家宝——“身边的历史”实物展览活动

如今这个时代，随着社会经济的持续发展和民众生活质量的日益提升，人们对于历史实物史料的收藏兴趣也在逐渐增强。这些承载着丰富历史信息的珍贵实物史料，成为了学生了解过去、认识历史的重要媒介。为了更好地利用这些实物史料资源，加深学生对历史的感知与理解，历史教师可以组织“我有传家宝——‘身边的历史’实物展览”教学实践活动。在活动筹备阶段，历史教师应与校方密切合作，制订详细的策划方案。同时，还需成立专门的筹备小组，明确分工，确保各项任务的有序推进。最后，要对此次教学实践活动进行总结与分析，从而真正实现此次教学实践活动举办的目的。在此次教学实践活动中，历史教师应该最大限度地发挥学生的主动性，可以借电视节目相关栏目形式，让学生作为个人所带实物的演讲人，讲一下这件实物究竟为何物以及它的由来、实物身后不为人知的历史故事、它是如何在家族中代代相传的。这样的教学实践活动不仅是一堂生动的历史课，更是一次深刻的心灵洗礼。通过亲手触摸和深入了解家族中的实物史料，学生能够深刻体会到对国家、社会和家族的热爱。在这种教学实践活动中，学生通过对自己家中的实物史料进行深入的探讨和热情的展示，不仅能够清晰地阐述这些实物史料所蕴含的历史意义，还能够分享这些实物的来历和背后的感人故事。这些故事有的关于家族的传承、有的关于国家的奋斗、有的关于人民的英勇抗争。通过这些故事，学生能够更加深刻地理解历史，同时有利于增强学生的家国情怀和他们对民族的认同感。

（二）有效利用博物馆的实物史料资源

博物馆的实物史料具有极高的历史价值，这些实物史料往往是历史的见证者，它们记录了历史的变迁和发展，为我们提供了宝贵的历史信息。在历史教学过程中，教师应当充分认识到博物馆资源的重要性，并充分发挥其优势，为教学活动提供有力支持。然而，博物馆中的实物史料十分珍贵，并不适合在课堂上直接展示。因此，历史教师需要转变教学策略，通过利用博物馆的展览、图片、视频等多媒体资源，将这些实物史料以数字化的形式呈现给学生，让学生在课堂上也能感受到历史的魅力。

伴随历史的不断变迁与我国对于优秀传统文化的持续宣传，博物馆的实物史料资源逐渐丰富起来，各地开始成立自己的博物馆。比如，位于福州地区的福建省美术馆、福建博物院等，还有福建省革命历史纪念馆、中国船政文化博物馆、福建民俗博物馆、林则徐纪念馆等主题馆。历史教师可以加强与此类博物馆的交流，带领学生进行参观。还可以通过与博物馆的讲解员合作，把历史教学引入博物馆，借助博物馆讲解员的介绍与对实地、实物的参观，达到预期的效果丰富自身的历史知识。

伴随社会安保管理以及现代交通工具的不断进步，历史教师可以尝试把馆内的有关小型文物带入课堂。如此一来，授课内容将更加具有指向性，历史教师能真正做到把初中历史课堂与博物馆馆藏文物融合在一起，进而使授课内容更加丰富、课堂气氛更加活跃、学生知识水平不断提高，从而提高教学效率。

第三节　实物史料历史课堂教学案例

本节主要以人教版教教科书《中国历史》（第一册）的《原始农耕生活》为例开展教学设计。

一、课程要求

通过半坡居民和河姆渡居民的遗迹，了解其生活特点以及原始农业的诞生过程，依据考古发现，重构史前社会生活情境。

二、教材分析

本课主要围绕国内原始农业的发展脉络展开，并对原始社会时期的两个代表性遗址进行了详细阐述。在上一课《中国境内早期人类的代表——北京人》的基础上，本课进一步探讨人类文明的演进，同时为开展下一课《远古的传说》教学打下坚实的基础。

三、学情分析

对于初中生来说，他们正站在历史学习的起点，对历史学习充满兴趣。学生在开始历史学习之前就已经接触到一些基础的历史知识，学生通过各种传播媒介以及家中长辈讲述的故事能够学习到许多历史常识。然而，仅仅停留在表面的知识并不能满足学生旺盛的求知欲。为了维持和增强他们的学习热情，历史教师需要运用多样化的教学手段，让历史学习变得更加生动有趣。多样化的教学手段不仅能增强学生们的学习兴趣，还能帮助他们掌握有效的学习方法。通过观察和思考，可以培养学生独立思考和解决问题的能力，为今后的历史学习打下坚实的基础。

四、教学目标

（一）知识与能力

首先，通过仔细观察河姆渡和半坡遗址的出土文物及实地图片，让学生更加深入地理解我国的悠久历史和多样文化，培养自身的历史思维能力和实证意识。其次，让学生深入了解河姆渡与半坡居民的居住地、生活年代、房屋类型及其特点，对河姆渡与半坡居民的生产生活工具、畜牧业和种植业的发展状况进行深入的了解。

（二）过程与方法

其一，培养学生的探索精神以及动手能力；其二，通过巧妙运用实物史料的图片和实物史料本身，设置富有启发性的问题，进而增强学生的学习热情。精心挑选与课程内容紧密相关的实物史料图片和实物史料本身，以此作为课程切入点，引导学生思考这些物品所反映的原始社会文化的特点和价值。培养学生的归纳和总结能力，通过引导学生对所学知识进行归纳和总结，帮助他们形成系统的历史知识体系，加深对原始社会文化的理解。

（三）情感态度与价值观

其一，借助原始社会农业的出现和发展，了解我国是全世界最早种植粟与水稻的国家，进而感受中华传统文化的深厚底蕴，体悟农业对人类发展的显著贡献；其二，借助了解半坡以及河姆渡居民的原始生活状态，看到中国史前百姓对原始社会发展做出的贡献。

五、教学过程

在具体教学中使用实物史料，对于历史教师的素质以及时间掌控能力有较高要求。这要求历史教师仔细备课，确保准确把握授课时间。同时，为了丰富课堂内容，提高教学效率，教师需要事先精心准备相关实物史料实物史料图片、实物史料模型、实物史料视频等教学资源，并在课前进行充分的研究和整理。通过这样的准备工作，教师可以更加有条理、有逻辑地进行授课，确保高效利用课堂时间。

导入新课程：

教师：同学们，在课程开始之前，请观察讲台上的这两个瓶子中的标本，有同学已经认出，它们分别是小麦和大米，我们发现，这在我国南北方的主食选择中，存在着鲜明的地域差异，南方的餐桌以大米为主，而北方则偏爱小麦制品。那么，究竟是怎样的历史、地理和文化因素共同促成了这一独特的饮食格局呢？小麦和大米又是如何在漫长的历史中，演变成如今这般模样的呢？为了探寻答案，我们将回溯历史，回到那个遥远的原始农耕时代。接下来，我们将围绕这些问题，共同学习——《原始农耕生活》。

通过巧妙利用小麦和大米这两种常见的粮食作物，教师可以设计出富有启发性的问题，引起学生的思考兴趣，从而为新课的讲授打下坚实的基础。

教师：大家看一看，我手里拿的是什么？

学生：狗尾巴草。

教师：对，很好，我为什么让大家看狗尾巴草呢？因为大家经常吃的稻米就是从狗尾草演变而来的。下面，我们就来看一下这一历史时期发生的故事。

教师：现在，请大家把教材翻到第 9 页，看一下我国原始农耕时代重要遗址分布图，然后思考一下，我国原始农耕社会重要遗址分布的特点有哪些？

学生回答问题。

教师：好，大家回答得非常好，主要集中于河流沿岸地区。水自古就是万物之源，且与中华上下五千年文明息息相关，是河流孕育并塑造了新的文明。

我国南方有一条河流叫长江，北方则有一条河流被称为黄河。长江与黄河孕育了中华文明。我国原始农耕朝代的遗址众多，这当中最具代表性的，便是南方的长江流域以及北方的黄河流域的遗址。那么，长江流域与黄河流域的原始社会文明的代表是谁？

学生回答问题。

教师：很正确，河姆渡居民是长江流域文明的典型代表，而半坡居民则是黄河流域文明的杰出代表，这两大文明因所处的地理环境和时代背景各具特色，既存在共性，也展现出鲜明的差异。今天，我将带领各位同学一同进入考古现场，深入了解半坡居民的生产方式和生活状态，探寻黄河流域文明的独特魅力。

教师：下面，我们一起来了解一下半坡居民的居住环境。

半坡居民的日常活动场所有壕沟、房屋、窑穴，日常活动场所外有烧制陶器的窑场与公共墓地。

我们能够联想到，那个时期的居民仍然过着氏族部落生活，他们在房屋里生活，用窑穴储备粮食，设置了墓地、制作瓷器的窑场。另外，在活动场地之外还有壕沟，用来与外界隔离，壕沟应当被看作某种防御设备。

教师：接下来，我们再看半坡居民居住的圆形房屋。请大家依据教材第 11 页，思考一下此类建筑的特征是什么，出现此特征的原因又是什么。

学生回答问题。

教师：此类房屋以所挖的坑壁为基础，房屋内部及周边，共同支撑起由草木搭建的屋顶，墙面与居住面均涂抹了草筋泥，巧妙地安置了木柱以增强墙体的耐用性。此外，房屋内部设有灶炕，用来满足居民的基本生活需求。

这种建筑风格是由黄河流域的天气状况决定的，当地春季与秋季温暖，夏季热冬季冷。该风格的建筑优点众多，在冬天能够抵御寒冷，这是因为部分建筑在地下，部分建筑在地上，类似于当代窑洞，冬暖夏凉，还可以抵御野兽的突袭。

教师：大家刚才一起了解了半坡遗址居民的居住状况，我们接着来看他们的日常生活是怎样的。

教师：下面，让我们一起看 PPT，看看大家可以从中获取到什么信息。

学生回答问题。

教师：通过赏析鱼纹彩陶盆，我们能知道半坡居民可以制作陶器，还能画画，由陶罐上的鱼纹图能够知晓他们对渔猎的重视。通过赏析石器，能够看出它的制作极其精良，需要磨制，推断为新石器。通过赏析陶纺轮能够知晓半坡居民可以制作陶器，也许还会制作麻织品。通过赏析粟与装粟的陶罐能知道，半坡居民可以制作陶器、种植粟。

上述教学内容通常以实物史料的图片为关键教学工具，解析半坡居民的生活与生产情况。这一形式旨在培养学生的史料实证意识，使学生掌握更多的知识，了解分析实物史料的方法。

第六章　乡土史料在初中历史教学中的应用

本章为乡土史料在初中历史教学中的应用，共三节，分别是乡土史料的概述；乡土史料在教学中的应用；乡土史料教学的实践反思。乡土史料作为初中历史课堂教学重要延伸和有效补充，对提升学生对历史概念的理解、拓展学生的知识面、提高课堂教学有效性、培养学生的家国情怀具有重要意义。教师利用这些乡土史料进行历史教学，能够在教学中拉近学生与历史的距离，增强学生对历史学科的情感，培养学生的历史核心素养。

第一节　乡土史料的概述

一、乡土的概念

乡土的概念可从人类的群体与个体两个视角出发。从群体视角出发，乡土概念包括两个层面：乡土经验，具体而言就是生活经验，包括乡土文化作用、人适应乡土的过程以及乡土特性；乡土意识，具体而言就是人类群体对故乡土地的思念与眷恋之情。从个体的视角出发，少年时期生活并且久住的地方或一个人出生的地区一般都被称为这个人的乡土或故乡。

所以乡土的概念一定是完整的，即包括人与地两个角度。乡土是家的延伸，乡土情怀通常具有家的感情色彩；人也给乡土风格赋予了某种意义或者对乡土产生了某种感情，从而形成乡土经验。

二、乡土史的概念

乡土史又被称为地方史，主要是指省、自治区、直辖市所在地区的历史，乡土史是对应国家历史来说的。乡土史具有地方属性，它既有民族与地区特色，又是国家历史的组成部分之一。初中历史中涉及的中国历史，主要讲述的是国家历史的发展走向，不会对全国各地区的历史进行介绍。因此，历史教师在历史授课中讲授全国历史的同时，可以有选择地穿插一些地方史的教学内容。乡土史的主要特点是可以帮助学生更好地了解自己生长的土地，让他们更加热爱这里。通过学习乡土史，学生不仅可以探索丰富多彩的地方文化，还可以深入了解那些具有历史价值的名胜古迹，追溯历史的发展脉络，探究那些影响深远的重要历史事件与历史人物，纪念革命历程，以及了解各种独特的风土民俗。在教学中融入乡土史，不仅遵循了“由近及远”的教育原则，也有助于让学生对家乡和国家产生深厚情感。现代人周边有不少以往的遗迹，若是可以让学生亲眼见到它，哪怕仅是见到这些遗迹的局部，或直接碰触它、感受它，对于培养学生爱护历史、爱护祖国的感情也具有极为重要的意义。为了帮助青少年感受历史，历史教师阐述中国历史时，应该在适当的地方加入一定的乡土史料，就如以插图的方式注解历史教科书一样，有助于让学生更好地理解历史。

三、乡土史料的概念

《现代汉语词典》解释乡土为本乡本土；《辞海》中乡土指家乡、故乡，亦泛指地方。《列子 · 天瑞》中有一句：“有人去乡土、离六亲。”所谓的“乡土”，即“家乡”或“故乡”。乡土是一个融合了自然与文化元素的生活环境，其中蕴含了人与自然、人与人之间的多种关系，这些关系共同塑造了人类个体的独特思想和情感。乡土史料是用于历史授课的文字史料，由本地区的考古文献改编而成。乡土文字史料是学生在中小学阶段必须学习的内容，是历史教学不可缺少的一部分。

对于研究乡土史而言，值得注意的有两类文字史料。一是地方志。地方志就是按照一定的体例，全方位记录某一区域某一阶段的经济、政治、文化、社会、自然等情况的文字史料，内容包括疆域、沿革、户口、财政、教育、民族、风俗等。其记载详细，内容广泛，是研究地方史的第一手资料，有极其重要的价值。二是家谱。家谱是一种借助表谱方式，记录一个以血缘关系为主体的家族代代繁衍与关键人物故事的独特书籍体裁。从它的内容来说，家谱是最具有百姓特征的乡土文字史料，是某一家族的历史发展记录。借助家谱，人们可以间接了解当时的社会风尚、时代精神以及历史面貌，认识当时历史时代下百姓的生活与生产状况。家谱是与地方志、正史同样重要的历史参考书籍，是历史学的关键组成因素之一。因此，乡土史料家谱在历史教学中也有着不可忽视的作用。不过，在初中历史教学中，由于受到一些条件的限制，考虑到教学的可操作性，乡土史料进入课堂，其主要是以文字、图片、表格的形式，通过板书或多媒体应用呈现在学生面前。[①]从内容上的要求来看，乡土史料的内容一定要是科学健康、积极向上、有利于学生学习与发展的。因此，在选择和确定乡土史料时，教师必须严格依据课程标准以及初中生心理发展的规律，确保自己所选的史料能够充分发挥其在历史教学中的作用。此外，鉴于乡土史料在塑造意识形态和丰富精神层面上的重要作用，教师所选的乡土史料内容必须能够准确反映某一特定区域或范围内群众的文化心理状态，是为大众所熟悉的。

第二节　乡土史料在教学中的应用

初中历史教学在塑造学生个体认知与理解能力方面扮演着至关重要的角色，其不仅是传授历史知识的主要场所，更是培育学生批判性思维、独立思考和解决问题能力的摇篮。在这个过程中，学生无疑是学习的主体，他们的参与度和兴趣对教学效果有着决定性的影响。为了增强学生的学习兴趣和积极性，教师应根据学生的年龄特征、知识背景和学习需求，精心选择富有挑战性和趣味性的乡土史料。同时，教师对教学方法的选择也至关重要。富有创意和启发性的教学方法能够让学生在轻松愉快的氛围中主动探索历史知识，从而深化对历史事件和人物的理解。

一、应用乡土史料授课的重要性

（一）顺应时代发展的明智之举

从宏观角度来看，世界正经历着前所未有的挑战与变革。在这样的时代背景下，历史课程的改革显得尤为关键。从宏观的战略高度审视，历史课程的改革不仅关乎学生的知识积累，更关乎他们未来的生活与职业发展。历史，作为人类经验的积淀和智慧的结晶，为现代人提供了宝贵的经验，通过学习历史，学史者不仅可以了解过去的重大历史决策和历史事件，更能洞察它们影响当今世界的方式，从中汲取经验和教训，找到解决现实问题的思路和方法。教师在教学过程中，将乡土史料与历史教科书相结合，是顺应时代发展的明智之举，不仅可以丰富课程

① 唐永霞．乡土历史在《中华人民共和国史》课教学中的运用：以陇中地区乡土历史为例[J]．甘肃高师学报，2013，18（3）：116–119．

内容，增强学生的学习兴趣，还可以帮助学生更深入地理解和认识历史的发展脉络。通过深入挖掘乡土史料中的故事和细节，学生可以更加直观地感受到历史的魅力，从而更加主动地参与到历史学习中来。

在微观层面，历史教材常常从国家或国际的角度叙述历史事件，这种叙述方式虽然能帮助学生建立整体的历史框架，但同时也可能忽视地方历史的多样性和独特性，导致学生对历史的感知过于单一和片面。为了弥补这一不足，教师在课堂教学过程中，应当积极开发利用乡土史料资源，使历史教育更加贴近学生的生活实际，更具深度。通过生动的故事叙述、真实的照片展示或珍贵的文物实物呈现，学生可以亲身感受到历史的厚重感。这种让学生仿佛身临其境的学习方式不仅可以增强学生的历史感知能力，还可以增加他们的学习兴趣和热情。

（二）新课程改革背景下的创新之举

在当前教育背景之下，新课改正如火如荼地展开，其以素养为导向，致力于推动综合育人、实践育人的教学理念。新课改在继承原有学科特性的基础上，对各学科的教育目标进行了更为明确的界定，并特别强调了学生的全面发展。这一变革为历史教师带来了新的挑战和机遇，历史教师需要转变观念，积极探索新的教学方法，以适应新课改的要求。

乡土史料蕴含着深厚的历史底蕴和文化内涵，是学史者洞察当地历史与文化的重要窗口，它为学史者全面展示了一个地区丰富多彩的历史沿革、深厚的文化积淀以及社会演变的轨迹。对于历史教师而言，乡土史料是一种极为宝贵的教学资源。通过深入挖掘和整理这些史料，历史教师可以引导学生深入探索其成长环境的社会与文化背景。这种基于乡土史料的教学方法，不仅能够提升学生的历史文化素养，还能培养他们的乡土情怀。

在历史教育中，应用乡土史料资源进行历史教学被证明是一种行之有效的教学方法。这种方法不仅有助于发挥学生的主观能动性，使学生能够自我驱动、积极参与课程学习，更能够帮助学生形成独立思考的习惯。运用这种教学模式进行教学与推广这种教学模式，对于培养学生的历史核心素养和综合素质具有深远的意义。通过阅读乡土史料，学生能够接触到更为具体、生动的历史细节和历史资料。相较于传统的历史教科书，乡土史料更具地方特色和时代感，能够让学生感受到历史的真实性和鲜活性。历史教师可以引导学生主动搜集和整理乡土史料，这一过程不仅能够锻炼学生的历史思维和分析能力，更能够增强学生对历史学习的积极性。

二、乡土史料在历史教学中的理性开发

在历史教学中，对乡土史料资源的开发与利用始终占据重要地位，历史教育工作者应致力于探索如何有理性开发乡土史料，以丰富历史课堂的教学内容，提升学生的学习体验。乡土历史作为中华民族历史的重要组成部分，是连接国家历史与地方文化的桥梁。每一片土地都承载着独特的历史记忆，反映了国家历史发展的多元性和丰富性。然而，乡土史料往往由当地群众创作和传承，其中可能掺杂着群众的主观情感，有时为了突出地区的特殊性或辉煌历史，群众可能会对某些事件或人物进行夸张或美化。这种倾向性可能导致乡土史料在教学中缺乏客观性和真实性，从而影响其作为历史证据的价值。为了培养学生的史料实证素养，历史教师在教学中应秉持科学理性的态度，正确筛选和运用乡土史料，历史教师要对这些资源进行深入研究和评估，确保其真实性。

（一）科学对待乡土史料来源

1．甄别地方正史和别史

正史是由官方承认并编撰的史书，通常是在朝代更迭之后，由新朝官方的历史学家对前朝历史进行的系统总结。由于有着官方的支持和资金的保障，正史的编撰过程通常更为严谨，涉及的社会层面广泛，具有很高的公信力。而别史则是由私人学者编写的史书，其中涵盖了杂史、野史等多种类型。这些史书在编写时缺乏官方的支持和资金的保障，因此在考证和叙述上可能存在一定的不足和不确定性。从别史、杂史到野史，这些类别繁多的乡土史料为学史者展现了乡土生活的丰富多彩和历史的深厚底蕴。相较于严谨规范的正史，乡土史料在呈现形式上更为灵活自由，内容广泛。在深入挖掘乡土史料的过程中，历史教师需要秉持科学理性的态度，广泛参考各类别史，并运用科学的方法对不同史料进行细致的比较分析。只有这样，历史教师才能评估其历史叙述的可信度，避免被不实信息误导。同时，历史教师也需要关注史料的来源和背景，了解其中的偏见和局限性，从而更全面地认识历史。历史的严谨性和准确性是历史教师必须坚守的底线，历史教师应该以客观、公正的态度对待乡土史料，既要欣赏其独特的魅力，又要保持对历史真实性的敬畏之心。

2．慎选地方的神话与传说

经过五千多年的漫长岁月，中华文明孕育出了无数令人神往的神话与传说。这些传说各具特色，情节各异，但无不深受当地自然环境与社会背景的熏陶。部分传说以口述的形式在民间流传千年，而另一部分则被历代文人墨客加以艺术化

再现，成为文学宝库中的璀璨明珠。这些地方神话与传说不仅为中华文化增添了丰富内涵，更为后人了解古代社会风貌提供了宝贵的历史资料。然而，尽管这些传说在历史研究中占据重要地位，但鉴于其传说性质，历史教师应对其保持慎重选择的态度。在地方史料的教学过程中，历史教师必须坚守唯物史观，确保所使用的史料经过严格的考据与论证。唯有如此，历史教师才能在传承和弘扬传统文化的同时，维护历史教学的真实性与严肃性。

（二）用证据努力还原史实真相

1. 实物乡土史料也需要被印证

实物乡土史料包括建筑遗迹、历史文物及各种文化设施，指在本地区范围内以实物形式保存下来的具有历史意义的遗迹及人文、自然景观。山东省曲阜市是儒家文化的发源地，有着丰富的文化积淀。曲阜市历经朝代更迭、家族兴衰和家国战争，这些历史变迁均在这片土地上留下了深刻的烙印。同在山东省的泰山因其独特的地理位置和深厚的文化内涵，成为历代帝王将相朝圣的宝地，使得泰山成为地方史料的重要来源。如今，泰山上保存下来的众多实物史料，不仅记录了历史的变迁，也反映了古代社会的文化、经济、政治等多个方面的状况，具有极高的历史和文化价值。通过对这些实物乡土史料的研究和挖掘，能够让学生更加深入地理解历史，更好地传承和弘扬中华优秀传统文化。但是，教师需要在历史教学中选择被印证过的实物乡土史料，以保证历史教学的真实性。

2. 口述乡土史料的辨识运用

口述乡土史料是指通过直接或间接的方式所了解的地方历史事件的传闻，这些传闻一部分以文字的形式被记录下来，有的则依靠一代又一代人的口头传述流传至今。为了收集这些宝贵的口述史料，教师可以鼓励学生利用课余时间，积极寻找那些熟悉地方风俗典故的老人。学生们可以将这些老人的叙述整理成文字，从而丰富乡土史料的内容，为后人研究地方历史提供宝贵的口述乡土史料。然而，在使用这些口述乡土史料时，历史教师必须保持谨慎和理性的态度。传闻往往带有主观性和片面性，可能因个人经历、记忆误差等因素而产生偏差。因此，历史教师不能仅仅依赖个别传闻来推断整体历史，而需要通过对比分析、核实考证等方法，辨识运用口述乡土史料，尽可能还原历史的真相。

（三）依据家国史料证实“大小历史”

“大历史”指的就是历史上那些波澜壮阔、影响深远的大事件，它们以全局性的视角，展现了人类社会的演变和发展。然而，当学史者把视线转向那些看似微不足道却充满生活气息的历史小事件时，会发现另一种截然不同的历史面貌，这就是“小历史”。“小历史”通常聚焦于特定的地域，资源空间相对较小，但它所蕴含的生动细节和地域特色却使其独具魅力，乡土历史就是一种“小历史”。“大历史”拥有更为广阔的资源空间和深远的影响力，其关注的是国家、民族乃至全人类的命运，记录的是那些改变历史进程的重大事件。然而，“大历史”和“小历史”并不是相互对立的。相反，它们互为补充，共同构成了历史的全貌。在初中历史教学中，历史教师不能只关注那些宏大叙事的大历史事件，而忽视了那些充满生活气息的乡土历史。只有兼顾“大小历史”的史料，才能更全面地展示历史的丰富性和复杂性，使学生对历史事件有更为深入客观的理解。

1. 用“小历史”推测“大历史”

在历史的长河之中，许多古代的制度随着时间的流逝而逐渐消失在人们的记忆中，这使得现代学生在探索历史时对这些制度感到陌生，这无疑给他们理解历史知识增加了难度。然而，乡土史料作为历史的见证，为学史者了解这些制度的历史背景提供了一条有效的途径。以历史上的保甲制度和赋税制度为例，通过契约、碑刻、族谱等乡土史料，历史教师可以帮助学生更清晰地理解这些制度背后的历史演变。因此，在历史教学中，历史教师绝不能忽视乡土“小历史”的重要性。通过深入挖掘和利用乡土史料，历史教师可以推测出更为宏大的“大历史”事件的发展脉络和结果，为学生展现一幅更为完整、生动的历史画卷。

2. 用“大历史”理解“小历史”

“大历史”研究站在宏观视角上对历史的演变进行深入洞察，着重分析特定历史时期的重大事件，从而揭示历史发展的必然性与整体结构。这种研究方法不仅拓宽了学史者的历史视野，还为学史者理解乡土“小历史”提供了重要的背景支撑。改革开放以来，中国乡镇企业如雨后春笋般蓬勃发展，华西村便是其中的佼佼者，这个昔日默默无闻的村落，借着改革开放的春风迅速崛起成为“天下第一村”。华西村之所以能够迅速发展，一方面得益于其独特的自然条件和坚实的基础，另一方面也离不开国家改革政策的支持。通过深入研究“大历史”，学史者能够更加透彻地理解华西村快速发展的内在动力。这种研究不仅有助于学史者深化对乡土历史的认识，还能为学史者提供宝贵的经验和启示。

在历史教学中，乡土史料具有不可或缺的作用，其不仅能够深化和丰富教学内容，还能够增强学生对乡土文化的认同感和自豪感。通过乡土史料与历史教科书的有机结合，历史教师可以更好地利用这些乡土史料资源，确保其在教学中得到恰当而有效的应用。

三、乡土史料应用于初中历史教学的策略

（一）在教学活动中渗透活用意识

1. 开发渗透典型的乡土史料

在广袤的中华大地上，每一个地方都拥有着自己独特的民俗风情、特色特产、名胜古迹、美食佳肴以及地方俚语，这些元素共同构筑了一个地方独有的乡土特色，为初中历史教学提供了丰富多样的教学资源。身为教育者，教师应当深入挖掘这些资源，开发渗透典型的乡土史料，让学生从本地的风土人情、自然资源、政治经济、历史文化等方面感受家乡的魅力，增强对家乡的自豪感，从而更好地理解和传承乡土文化。

2. 引申与教学内容有显性关联的乡土史料

乡土史料在各个学科教学中均占据着重要的地位，其不仅是连接学生与乡土文化的桥梁，更是培养学生乡土情感的重要途径。历史教师在授课过程中，要将教学内容和与教学内容相关的乡土史料资源紧密结合，引申与教学内容有显性关联的乡土史料，引起学生的学习兴趣，帮助他们更好地理解和记忆历史知识。中国地大物博，每个学校所在的地域都拥有其独特的文化特色和地理优势，这些特色和资源，正是历史教师可以深入挖掘和开发的宝贵知识财富。

3. 挖掘与教学内容有隐性关联的乡土史料

历史教师要注重对乡土史料的挖掘与利用。乡土史料是丰富多彩的，但需要历史教师进行深入的挖掘和筛选从中提炼出有教育价值的内容。历史教师要善于从乡土史料中提炼出与教学内容相关的元素，挖掘与教学内容有隐性关联的乡土史料，将其巧妙地融入课堂之中。同时，历史教师还要注重引用当地的神话传说、名人故事等，让教学内容更加贴近学生的生活实际，引起学生的学习兴趣和学习热情。

（二）在观察活动中体现使用效果

观察是人类探究世界、理解社会与自然现象的最基本的方式。在历史学科中，观察活动能够帮助学生从细微之处洞察历史的脉络和细节，形成更加全面和客观的历史观念。通过观察活动，学生可以直观地了解历史事件的发生背景，加深对历史知识的理解，并培养自己的分析能力和批判性思维。历史教师与学校应当高度重视观察活动在历史学习中的作用，并积极培养学生的观察力。在历史教学中，

教师可以通过组织实地考察、展示历史文物、播放纪录片等方式，引导学生观察并思考，从而增强他们对历史学习的兴趣。此外，历史教师还可以鼓励学生对人类社会、历史遗址以及人文景观等进行观察，以拓宽他们的历史视野，增强他们对历史事件的感性认知。历史教师应当将观察活动作为历史教学的重要环节，并通过多种方式培养学生的观察力，以帮助他们更好地学习历史，形成正确的历史观和价值观。

在观察活动中，对乡土史料进行有效整合是一项至关重要的教学任务。历史教师可以通过精心策划和组织观察活动，将乡土史料资源与学生的实际生活和课程内容紧密相连，从而创造出一个富有吸引力和启发性的学习环境。历史教师可以借助精美的挂图、多媒体课件和精选的图片等视觉辅助工具，将原本显得抽象、枯燥，且鲜为人知的乡土史料转化为直观、生动、形象的教学内容，将历史事件和人物以更加鲜活的方式呈现在学生面前，使他们仿佛身临其境，感受到历史的魅力。

（三）在实践活动中拓展使用空间

1．乡土史料与社区活动相结合

教师应倡导学生从教学课堂中走出来，从校园中走出来，融入社区、融入自然、融入社会，使自然大环境、社会大环境与乡土史料教育彼此融合，鼓励学生通过接触真实的社区生活，加深对乡土史料的认识。比如，教师可以鼓励学生听家里长辈讲述以往的故事、参观氏族祠堂等。

2．乡土史料与主题教育相结合

教师要依照明确的层次和主题，有条不紊地推进系列主题活动的实施。通过对社区环境、自然环境以及节日的深入分析，深入挖掘并整合乡土史料资源，以打造具有鲜明乡土特色的主题活动。

3．乡土史料与日常生活相结合

教师要通过紧密联系实际，深度发掘并整合周边教学资源史料，确保学生日常生活中的每个细微环节，都能转化为乡土史料教学的契机。这样的教学策略，旨在让乡土史料与学生日常生活相结合，从而实现乡土史料教育和日常教学的有机结合。

四、乡土史料的应用案例——山东烟台初中学校

如今教学改革持续推进，许多教育工作者希望打破以往的教学方式，借助全

新的授课资源的导入，促使教育工作不断创新。以往的初中历史教师由于过分注重教材上的史料资源而忽略乡土史料资源，这对于学生而言是极为不利的。在教育改革的过程中，应把乡土史料资源导入初中历史教学当中，要充分开发利用乡土史料，发挥乡土史料资源的教育功能。下面展示的是初中历史授课中利用乡土史料资源的实际案例——乡土史料在山东烟台中学历史教学中的应用。

（一）山东烟台初中学校乡土史料应用现状

烟台地区实行“五四学制”，即小学五年，初中四年，初中阶段的历史教学内容分为中国古代史、中国近现代史、世界历史三部分。尽管这三部分教学内容共同构成了初中历史教学的整体框架，但由于课程各自的特点以及与烟台地区乡土史资源的不同联系，在教学过程中这三个阶段的历史教学呈现出明显的差异。

1．重点范围

在初中历史的教学过程中，中国近现代史是应用最为广泛的内容，其教学重点包括鸦片战争、甲午中日战争以及中国近代民族经济的崛起与发展等重要历史节点和事件。

2．重点史料

在教育教学实践中，教师所运用的乡土史料资源表现出显著的相似性，这些乡土史料资源在不同的历史阶段中均表现出高度的一致性，主要聚焦于有限的几则材料。在讲授中国古代史时，教师采用的教学素材具有很高的重合性，讲到秦始皇，就会讲述其统一度量衡、开凿灵渠的故事；讲到汉武帝，就会讲述其东巡芝罘的故事；讲到明朝时期，就会重点介绍戚继光抗倭的事迹。这种乡土史料资源选择的相似性，反映了乡土史料资源在教育教学中的深远影响。

3．重点手段

历史教师在传授历史知识时，往往会借助乡土史料来帮助学生更好地理解和感受历史的变迁和发展。然而，在实际的教学过程中，一些历史教师在传授历史知识时仍然倾向于采用传统的讲述法。这种方法缺乏生动性和趣味性，较难引起学生的兴趣。因此，历史教师应该积极探索更多元的教学方法，结合现代技术，使教学更加生动有趣。此外，在实地参观教学和社会实践教学方面，历史教育仍显得相对滞后。此外，烟台地区并没有统一的乡土史料教材可供教师参考。这使得历史教师在选择和利用乡土史料资源时存在很大的随意性和不确定性。因此，教育工作者有必要加强对乡土史料资源的整合和开发，编写统一的乡土史料教材，为历史教师提供更加系统和规范的乡土史料参考资源。

（二）山东烟台中学乡土史料应用的不足及原因

1. 史料运用不均衡性

在深入挖掘和运用乡土史料资源的过程中，不难发现具体教学工作中对乡土史料应用时存在一种显著的不均衡现象。这种不均衡不仅体现在教师对重点历史时期的选择上，也体现在同一历史时期内对不同事件和时段的关注程度上。首先，从历史时期的角度来看，在乡土史料的应用中中国近现代史具有压倒性的优势，相比之下，中国古代史虽然也备受关注，但在应用乡土史料上却稍逊一筹，世界历史中对乡土史料的应用也显得相对薄弱。此外，即使在同一历史时期，乡土史料的运用也存在显著的不均衡性。以中国近现代史为例，教师在运用乡土史料时主要聚焦于具有重大历史意义和社会影响的几个关键事件，其他时间段的历史事件则相对较少涉及，部分事件甚至直接被忽略。

深入探究这种不均衡现象背后的原因可知，首先，中国近现代史发生的时间距离现代较近，留下了大量的历史遗迹和文字资料，这些丰富的史料资源为教师提供了丰富的教学素材和参考。其次，中国近现代史与我们的政治、经济、文化和社会生活紧密相关，能让学生更好地理解所学知识，所以在应用乡土史料教学时，历史教师倾向于选择中国近现代史的乡土史料。

乡土史料在教学中运用不均衡的现象会导致学生对乡土史的理解产生偏差，在许多情况下，学生可能只是通过一些零散的、不系统的知识来接触乡土史料，他们可能只知道一些表面的、孤立的历史事件，而无法深入理解这些事件背后的社会、文化、经济等各方面的联系和影响。这样的教学方式无疑限制了学生对于历史整体性的理解，使得他们难以形成全面而深入的历史观。此外，乡土史料教学的不足也会阻碍学生对家乡形成全面而深入的认识，如果学生对家乡的历史理解产生偏差，他们就可能无法真正理解家乡的文化和价值，也难以形成对家乡的深厚感情。

2. 史料运用的局限性

烟台地区有着丰富的乡土史料资源，然而，部分教师在选择乡土史料进行教学时，却常常局限于有限的几则材料。这种选择不仅限制了学生的学习体验，也可能阻碍历史教学的深入发展。实际工作中，有教师不约而同地选择了相同的乡土史料资源，一方面，这些乡土史料可能是教师比较熟悉和了解的内容，在备课和授课过程中，教师更倾向于选择自己熟悉的材料，以减轻备课负担和提高教学效率。这种选择虽然方便了教师，但可能限制学生的知识视野和学习体验。因为学生往往对未知的事物充满好奇，而教师过度依赖熟悉的乡土史料可能会削弱他们的学习兴趣。另一方面，教师可能认为，尽管这些乡土史料在时间上可能显得有些老旧，但对于每年的新生来说，这些乡土史料仍然具有新颖性和吸引力。然而，在信息爆炸的时代，学生可能通过各种渠道了解乡土史料，过度依赖有限的几则乡土史料可能会导致学生的学习兴趣降低，甚至产生厌倦情绪。

3. 教材资源不足且更新缓慢

为了更全面地推动历史教学中的乡土史料教育，一本系统而详尽的乡土史教材或地方史参考资料，能够为学生提供更加直观、生动的历史学习体验。这种教材不仅能够加深学生对乡土文化的理解，还能激发他们对历史的兴趣和热爱。然而，尽管烟台地区拥有丰富的历史文化遗产和独特的乡土史料资源，但乡土史教材的开发和利用却显得相对滞后，这在一定程度上制约了乡土史料在历史教学中的应用和普及。

历史教师在日常教学工作中经常面临乡土史料教材资源不足的问题，这给他们备课和授课带来了不小的挑战。一些学校缺乏专门的乡土史教材，导致教师在选择和使用教材时感到无从下手，这一现象反映出一些地方教育部门和学校对乡土史料教育重视程度的不足。尽管一些历史教师希望在教学中融入新颖、系统的乡土史料，但由于缺乏相应的教学资源和指导，这些想法往往难以付诸实践。此外，由于部分教材编纂者对乡土史教材缺乏重视，其更新速度也相对较慢，无法满足教学的实际需求。同时，现有的乡土史料教学辅助材料数量有限，且主要集中在近现代史方面，缺乏系统性和完整性，这进一步增加了历史教师在选择和使用乡土史料时的难度。因此，为了提高乡土史料教学的质量，地方教育部门和学校应加强对乡土史料教学的重视，提供更多的乡土史料教材资源和教学指导，以满足历史教师的需求。

对于烟台地区乡土史教材稀缺且更新滞后的问题，经过深入分析，可以从多个维度来探讨其背后的原因。从教师的角度来看，自编乡土史教材确实是一项艰巨的任务。这不仅仅是因为需要投入大量的时间和精力，更因为每位教师手中的乡土史料资源有限，乡土史料教学需要丰富的历史文献、地方志、民间传说等多方面的资料，但初中历史教师一般难以获取这些史料资源。同时，教师在教授乡土史时，还面临着缺乏专业培训和指导的问题。尽管有些教师在教学中十分重视乡土文化，但由于缺乏系统的培训，他们在教授过程中可能难以准确把握教学重点和教学方法，这在一定程度上影响了乡土史料教学的效果。从地方教育部门和学校的角度来看，学校仍需要提升对乡土史教学的重视程度。部分地方教育部门和学校对乡土史教学有明确的规定，但由于考试内容并不包括乡土史，导致一些学校可能更注重学生的考试成绩和升学率，而忽视了乡土史料教学。这导致了对乡土史料教学的投入不足，缺乏专门的乡土史教材和教学资源。在这种情况下，乡土史教材自然难以得到及时更新和发展。

4. 教师素质存在差异

“师者，所以传道授业解惑也”。在教育的神圣职责中，“传道”与“授业”无疑是至关重要的两个环节，而要完成这两个环节，教师对教育内容与专业知识的深入、全面理解则是不可或缺的。特别是在教学实践中，将乡土史料融入课堂时，教师掌握并灵活运用本地区的乡土史料资源，无疑是历史教师专业能力的重要体现。当前烟台地区的教师在乡土史料资源的掌握和运用上存在着明显的差异，这种差异体现在教师对乡土史料资源的知识储备上，还体现在教师对乡土史料资源的运用能力上。

经过深入分析，烟台地区部分历史教师在乡土史教学方面存在三个主要问题：第一，烟台地区尚未建立起负责为历史教师提供系统培训的专职机构，教师培训机构的缺失，直接导致了部分教师在乡土史料教学方面的专业素养和能力难以得到有效提升。第二，部分历史教师对乡土史料教学的价值认识不足。在他们看来，乡土史料可能只是历史教学的一个辅助内容，而非核心部分。这种观念上的偏差，导致他们在日常的教学和自学过程中，缺乏对乡土史料资源的积累和整合的重视。第三，烟台地区目前可供教师参考和学习的乡土史料资源相对较少，乡土史料的资源储备仍需要提升。

（三）山东烟台初中学校乡土史料应用的改进方法

烟台市拥有丰富的乡土史料资源，这些资源不仅记录了烟台地区的历史变迁和文化传承，更是一本生动的乡土史教科书，对于增强学生的乡土情感、培养他们的历史文化情怀具有不可替代的作用。然而，笔者对烟台地区乡土史料资源在教学运用中的情况进行研究后发现，烟台市在乡土史教学方面仍有待加强。为了改善这一状况，要深入研究全国各地及国外先进国家在乡土史料教学方面的成功经验，结合历史教育领域的理论突破和研究成果，对烟台地区乡土史料应用中存在的问题及其成因进行细致的分析。对此，笔者提出了一系列教学改进策略：

1. 开发课程资源

要使乡土史料资源在历史课程中发挥最大作用，历史教师应当对相应课程资源进行深入开发与合理利用。乡土史料课程资源是历史课程存在与进行教学的重要支撑。如果历史教学中缺乏详尽系统的乡土史料课程资源，历史教师就算有再出色的课程设计也难以实施真正的乡土史料教学。如果历史教师只了解一些零散的、不成体系的乡土史料，那么他们将很难将这些乡土史料融入课程设计，更难以让学生从中获得深入的历史认识。因此，合适的乡土史料课程资源是乡土史教学的“源头活水”，是历史教学的“根基”。为了实现对乡土史料课程资源的深入开发与合理应用，历史教师可以从以下几个层面着手努力：

(1) 充分整合已有课程资源

经过深入调研与分析，得知目前各地图书馆、学校阅览室、网络资料库以及相应的社会实践活动基地等是乡土史料课程资源的主要来源，乡土史料资源在教师的教育教学中具有至关重要的作用，能够为教师提供丰富多样的教学素材，可以帮助他们更加精准地传递乡土文化知识，进而帮助学生更好地理解和感受乡土文化的魅力。

为了有效提升学生的历史素养，教师应鼓励学生前往当地图书馆、学校阅览室以及社会实践教育基地等获取乡土历史知识，这些宝贵乡土史料资源不仅为学生提供了大量珍贵的历史资料和实践学习的机会，还能使学生在实践中更深入地了解社会，从而增强其社会责任感。在开展教学活动时，教师应充分利用现有的乡土史料资源，充分体现学生在学习过程中的主体地位。同时，教师也应积极发挥其引导作用，鼓励学生积极参与教学活动，培养其搜集与分析历史资料的能力，促进学生全面发展。

在信息时代的背景下，网络已经成为教师获取和分享教学资源的关键渠道。网络上汇聚了海量的国内外乡土史料课程资源，这些乡土史料课程资源为教师提供了丰富多样的教学素材，使教学内容得以不断更新和完善。因此，教师应当善于发掘和利用这些网络资源，发挥其在教学中的重要作用。同时，教师也应充分利用网络平台，积极与其他教师分享自己的教学经验、方法和资源。通过广泛的交流与学习，教师之间可以相互借鉴、共同进步，从而不断提升自身的教学水平。此外，教师还可以组建线上教学团队，共同开发、充分整合和运用乡土史料课程资源，以形成更加系统、完善的乡土史料教学体系。这将有助于提升乡土史料教学的整体教学质量，推动乡土历史教育事业持续发展。

在乡土史料教学过程中，为了有效提升学生的自主学习能力和实践操作能力，帮助他们更加精准地获取所需要的信息，教师应指导学生积极利用图书馆的资源检索工具，并组织学生对实践教育基地进行实地观察，进行对乡土史料课程资源的深入探究。通过这样的学习方式，学生不仅能够锻炼自己的乡土史料搜集整理能力，还能在社会实践交流中不断提升自身的沟通技巧和培养团队协作意识。

（2）广泛搜集精选乡土史料

教师想在实际教学中开发与运用乡土史料资源，就要选择能引起学生学习兴趣并促使他们积极参与的乡土史料资源。教师巧妙地运用乡土史料资源进行教学，能够有效增强学生的学习动力，提高学习效果。为了充分发挥乡土史料资源在教学中的潜力，教师需要深入研究，并结合本地区及本校的教学实际需求，以及学生的实际状况，精心设计和组织实践活动。教师应鼓励学生走出课堂进行实地考察与调研，在实地考察的过程中，学生可以通过访谈、观察、问卷调查等多种方式，收集第一手乡土史料，感受家乡的历史变迁和文化魅力。调查活动结束后，教师需要对学生收集到的乡土史料进行汇总和筛选。在这个过程中，教师应注重信息的准确性和教育价值，选择那些方便使用、积极向上、具有显著教育价值的乡土史料资源。同时，教师还应对学生搜集的信息进行分类整理，以积累未来的教学资源。

（3）加快校本课程研发

在新课改中，校本课程是国家课程、地方课程、校本课程三级课程体系中不可或缺的一环，具有重要意义。校本课程的开发与实践，旨在满足学生的学习需求，同时体现当地学校的独特办学理念和特色。其核心在于紧密贴合学生的实际需求，为他们提供与生活密切相关、个性化的学习体验。在这一过程中，地方教育部门和学校领导发挥着主导作用，应当引领各个教研组、广大师生积极参与校本课程研发工作，共同为校本课程的开发与实施贡献智慧和力量。在烟台地区，一些学校将乡土史料资源巧妙地融入校本课程开发中，通过整合、开发和利用这些乡土史料资源，不仅丰富了课程内容，提高了教学效果，还为学生提供了更加真实、生动的学习体验。在这样的课程环境中，学生不仅能够学到知识，更能深刻感受到家乡文化的魅力和价值。同时，乡土史料资源在校本课程研发中的应用也促进了师生间的交流与合作，在开发利用这些资源的过程中，师生们共同研究、探讨，形成了积极向上的学习氛围，推动了初中历史教学水平的持续进步。

2. 丰富教学手段

笔者经过对烟台地区乡土史料资源在教学应用中进行深入分析，发现虽然该地区拥有丰富的历史背景和乡土史料资源，但在实际的教学过程中，一些教师的教学手段却略显单一。当前部分教师仍然采用传统的讲授方式，忽视了学生在历史课堂上的主体性和参与性。这不仅无法引起学生的学习兴趣，也无法充分发挥乡土史料资源的教学价值，这无疑是背离了对乡土史料资源进行开发与运用的初衷。历史教师如果能够将这些独特的乡土史料资源巧妙地融入课堂，不仅可以丰富教学内容，还能帮助学生更好地理解和感受本地区的历史文化。

（1）课堂教学

要让乡土史料资源真正发挥效用，就要对现有历史教学手段进行优化，必须将其巧妙地融入课堂教学之中，与历史教科书紧密结合。为了实现这一目标，教师可以从以下两个方面着手改进：

一方面，教师可以巧妙地运用乡土史料资源来构思新课的引入语，这种课程导入方式不仅有助于有效引导学生迅速进入学习状态，还能拉近学生与历史的距离。以中国近代民族工业的发展为例，教师可以精心挑选一些具有地方特色的乡土史料，如张裕葡萄酒公司和北极星钟表等，作为课堂引入的素材。在选取乡土史料资源时，教师应注重其代表性、趣味性和教育性，同时，教师在教学设计中还应注重乡土史料资源的利用方式，教师可以设计一些互动环节，让学生在实践参与中感受历史的魅力，从而更加深入地理解课堂内容。

另一方面，历史教师应当对当地的乡土史料资源进行细致的研究和整理，并在实际历史教学中将乡土史料资源巧妙地融入教学内容，使学生在潜移默化之中了解当地乡土史，更好地掌握历史知识。烟台地区有着丰富的乡土史料资源，其中有许多内容适用于历史教学。通过对比表（表 6–2–1），历史教师可以清晰地看到乡土史料与初中历史教学内容之间的内在联系，从而更有针对性地进行教学设计和教学规划。

表 6-2-1　初中历史教学内容与烟台市中国近现代乡土史料资源内容对照表

中国近现代史	烟台市乡土史料资源
第二次鸦片战争	《中英天津条约》《中法天津条约》；“龙口”粉丝；天主教、基督教传入
八国联军侵华与《辛丑条约》签订	王懿荣殉国；何晏升创办烟台毓材中学堂
洋务运动	烟台水师海防营，轮船招商局烟台分局，烟台建炮台，烟台东山建海军练营
辛亥革命	烟台同盟会；烟台举义；烟台军政府；孙中山品重醴泉
五四运动和中国共产党诞生	烟台国民外交后援会；李之龙、郭寿生、邓中夏、王荷波
七七事变与全民族抗战	雷神庙战斗；烟台武工队，圈杨家兵工厂；王文、高锦纯、林江；抗日军政大学第一分校，胶东第一份综合性刊物《海涛》
抗日战争的胜利	鲁东抗日联军；烟台光复；罗荣桓任山东军区司令兼政治委员
人民解放战争的胜利	许世友；烟台军民支援胶东保卫战；海口民工支援淮海战役；收复长山岛

烟台地区孕育了许多值得传承和弘扬的乡土故事和历史遗迹，丰富的乡土史料资源对于教师来说具有巨大的利用价值和教育价值。然而，在运用这些乡土史料资源时，教师需要保持谨慎和理性的态度，确保选择与应用乡土史料的过程具有明确的目标和针对性。历史教师在利用这些乡土史料资源时，应当充分考虑到教学内容的需求，确保所选用的史料与课堂教学紧密相连，能够生动形象地展现历史事件经过、意义、影响和历史人物生平，引起学生的学习兴趣和探究欲望。同时，教师还需要关注学生的心理特点和认知发展阶段，确保所选用的乡土史料与学生的日常生活密切相关，能够引发他们的共鸣和思考。在利用乡土史料资源时，教师还需要紧密围绕教材的重点和难点，合理安排时间，避免过度使用乡土史料资源，影响学生对主要学习内容的理解和掌握。

（2）实践教学活动

在不断追求教学创新与优化的今天，教学手段的多样化成为提升教育质量的关键。教师既要不断完善现有的教学手段，也要敢于挑战传统，使用新兴的教学方式，以适应日益变化的教育环境和学生的个性化需求。积极组织学生参与实践教学活动，同时鼓励学生开展乡土史料资源研究性学习，让学生在探索中发现问题、解决问题，从而培养他们的创新精神和实践能力。

实践教学活动强调实践操作和亲身体验，以社会实践和实地参观为核心，旨在为学生提供有目的、有规划的学习体验，能够极大地增强学生的学习热情。通过亲身参与实践教学活动，学生能够将所学知识应用于实际情境中，不仅能够成为知识的接收者，还能成为知识的探索者和创造者。乡土史料资源作为本地区独有的历史记忆，为学生提供了宝贵的学习素材。这些资源与学生生活密切相关，能让学生产生强烈的亲切感和认同感。初中阶段的学生对发生在他们身边的历史事件和遗迹有着特殊的认知，因此，教师利用这些乡土史料资源开展教学实践活动，不仅能够增强学生的历史认知，还能使他们在教学实践活动中深化对知识的理解。教师可以根据学生的实际情况和兴趣点，灵活调整教学实践活动内容和形式，以满足不同学生的需求。

实践教学活动能否取得成功，往往取决于学生与教师之间的默契配合。这种配合不仅仅是简单的互动，而是建立在学生与教师相互理解、信任和尊重的基础之上的深度合作。在缺乏默契配合的情况下，实践教学活动可能会变得效率低下，宝贵的教学时间可能会被浪费在无谓的沟通和误解上。实践教学活动是一种独特的教学方式，强调学生的自主观察与学习，鼓励他们在实践中主动探索和发现。这种教学模式要求教师和学生紧密合作，形成一个有机的教学整体。为了实现这种默契配合，教师需要深入了解学生的学习需求和兴趣点，设计符合他们实际水平的实践教学活动和教学任务。同时，教师还需要关注学生的个性差异，因材施教，让每个学生都能在实践教学活动中发挥自己的特长和优势。而学生则需要积极参与到教学实践活动中，勇于尝试、敢于创新，不断提高自己的实践能力和历史学科素养。

在新课改的背景下，实践教学活动成为培养学生综合素质的重要途径。其中，研究性学习作为一种重要的教学模式，正逐渐受到广大教育工作者的关注。在历史教学中，研究性学习更是具有不可替代的作用，它不仅能够增强学生的学习兴趣和积极性，还能够培养学生的批判性思维、创新能力和实践能力。研究性学习是一种基于学生兴趣和需求的自主学习模式。在历史教学中，教师可以引导学生根据自己的兴趣和需求，从历史知识和社会现实中选择并确定研究主题。在探究过程中，学生需要相互合作、共同讨论，以便更好地解决问题。这样的学习方式不仅能够培养学生的团队合作精神和沟通能力，还能够让学生在合作中相互学习、相互启发，从而更好地掌握历史知识。教师应当积极引导学生走出教室，参与实践教学，如前往博物馆、历史遗址、名人故居等地，亲身感受历史，开展具有针对性的研究性学习和实践教学活动，这样的学习方式不仅能够让学生更加深入地了解历史知识，还能够让学生提升自身的实践能力。

烟台地区拥有丰富的乡土史料资源，这些乡土史料资源对于历史教师来说，是一座内涵丰富的教学资源宝库。如何充分发掘和利用这些资源，让其在初中历史教学中发挥最大的作用，是历史教师应深入思考的问题。在组织实践教学活动时，历史教师应精心设计研究性学习的案例。不仅需要考虑教学内容的深度和广度，还需要结合学生的实际情况，引导学生主动探索、积极思考，培养他们的历史思维能力和解决问题能力。部分学生在实践教学活动中的自主性和主动性仍需要提升，因此，历史教师在规划实践教学活动时，首要任务是强化自身的引导作用。这并不意味着教师要完全代替学生进行学习，而是要在适当的时候给予他们必要的指导和帮助。同时，教师还应努力增强学生的主体性和主动性，让他们在实践教学活动和研究性学习中充分展现自我。在选题方面，历史教师应选择难度适中又符合学生认知特点的课题，此外，历史教师还可以结合乡土史料资源的特点，设计一些具有地方特色的实践教学研究性学习课题。这些课题可以帮助学生更好地了解烟台地区的乡土历史文化和社会变迁，培养正确的价值观念和情感观念。

3. 提升教师素质

经过对烟台地区历史教师运用乡土史料方面素质的深入研究，笔者发现：尽管乡土史料在历史教学中具有不可估量的价值，但该地区部分历史教师在这一方面的素质却呈现出明显的差异。这种差异不仅体现在他们对乡土史料的理解和运用上，更反映在他们的教学理念和教学方法上。这些历史教师在历史基础知识方面素质水平差异不大，但在乡土史料运用方面却存在明显的差异。教师在就职之后很少有专门的时间和机构来培训他们有效地运用乡土史料进行教学，这导致部分教师在面对丰富的乡土史料时，容易感到无从下手，无法将其融入自己的教学中。此外，本地区一些教育部门和学校领导对乡土史料在教学中的价值认识仍需提升，在他们的观念中，历史教学应该更加注重国家层面的历史事件和人物，而乡土史料则被视为无足轻重的补充，这进一步加剧了部分历史教师对乡土史料重要性的忽视，这种观念上的偏差，容易导致乡土史料在历史教学中的地位被边缘化。

乡土史料资源对于中学历史教育而言具有重要作用，中学历史教师作为乡土史料教学的实施者，其专业素养和教学能力直接关系到乡土史料资源在初中历史教学中开发利用的效果，他们不仅需要具备扎实的乡土史知识，还要掌握扎实的乡土史教学理论以及切实可行的教学方法。乡土史知识是中学历史教师的基本素养，历史教师需要对本地的历史文化有深入的了解和研究，只有这样，才能将这些乡土史料资源有效地融入历史教学中，让学生在学习的过程中感受到历史与当地乡土文化的魅力。

为了更好地传承和弘扬烟台地区的乡土文化，教育部门必须承担起发掘和应用乡土史料资源的重任。教育部门应对乡土史料资源的发掘与应用进行统一规划与组织，要将初中历史教师作为主要的培训对象，提高他们对乡土史料重视程度和应用能力，可以定期组织培训活动，为了加强实践与交流，教育部门还可以与烟台地区的高等院校、教育科研机构建立合作关系。邀请专门从事乡土史料研究的专家教授前来开设讲座或研讨会，为初中历史教师提供更深入的指导和帮助。同时，还可以设置定期的教研活动，让不同学校、不同年级的教师有机会分享和交换经验，共同研究对乡土史料资源的应用。

4. 创建有利环境

乡土史料资源的开发利用，作为一项综合性、跨领域的任务，需要烟台地区社会各界的广泛参与和深入合作。这一工作涉及多个利益集团，需要政府、学术界、企业以及公众的共同努力与协同配合。

（1）教育部门的领导和监督

要让乡土史料资源在中学历史教学中发挥其应有的价值，需要烟台市各市县的教育部门肩负起管理与监督的职责，深入挖掘并应用这些乡土史料资源。地方教育部门要对乡土史料资源提起足够的重视，为初中历史教学与乡土史料资源的融合提供支持，具体来说要做好以下几点：

首先，为了保障乡土史料资源能够得到高效利用，必须建立起一个坚实可靠的领导、组织及研发架构。这一架构将为乡土史料资源的研究工作提供稳固的组织保障和技术支撑，从而充分释放其在教学中的巨大潜力。各级教育部门应迅速行动，成立专门的乡土史料资源开发与应用领导小组及专项研究部门，对乡土史料资源进行系统、深入的探索，确保其在初中历史教学中得到合理利用。

其次，为了确保乡土史料资源的内容满足不断更新的教学需求，应设立专项资金，用于乡土史教材的编写、修订和更新工作。要加强对历史教师的培训和指导，鼓励他们积极参与教研活动，深入研究乡土史料在教学中的应用。同时，还应建立完善的评估机制，定期对教师的乡土史料教学水平进行评估，并提供必要的指导和帮助。通过这些措施，可以不断提升教师的专业素养和教学能力，使他们能够更好地利用乡土史料资源，为历史教学注入更多的活力和内涵。

最后，为了推动全烟台各学校教师在乡土史料教学方面的进步，必须实施一系列举措，来评估各学校在开发和运用乡土史料资源以及提升教师乡土史教学能力方面的效果。各学校要设计一套科学、客观的考评体系及其实施细则，用于衡量教师在乡土史料教学中的表现。为确保各学校有效执行考评制度，各县市区教育主管部门及各学校应建立健全的督导机制。每个学期结束都要对各学校历史教师在乡土史料资源的开发利用方面进行全面、细致的考评。同时，为推动乡土史料教学的持续深化，各县市区教育主管部门及各学校要加大对教师的培训和指导力度。

(2) 社会各界的关心支持

乡土史料资源的开发与利用对于全面提升学生素质、推动人才全面发展具有至关重要的作用。这一工作的有效推进，不仅需要教育部门的积极引领，更需要社会各界的深入参与和坚定支持。

烟台市各级政府必须充分认识到乡土史料资源开发与利用的重要性，并承担起相应的职责。为实现这一目标，需要制定全面而细致的政策，以全方位地推动乡土史料资源的开发工作。各级财政部门应设立专项资金，并将其纳入年度财政预算，专门用于支持乡土史料资源的开发及其在教学实践中的应用，为相关教师提供稳定的财政支撑，使他们能够更专注于教学与研究工作。同时，烟台市文化局等文化部门应发挥核心作用，积极组织当地的民俗文化专家、历史学家、作家等参与乡土史教材、读本和刊物的编制工作。为了深入且系统地推进乡土史料资源课程的开发工作，档案局需策划并组织一支专业团队，对乡土史料资源进行系统的整合与梳理。此外，文物局亦应制定相应的政策，为学校提供在开发和利用乡土史料过程中所需要的实物史料资源。为了支持学校通过实地参观和社会实践的方式利用乡土史料，博物馆可考虑实施免费或优惠的开放政策，让更多学生有机会接触和了解历史文物。为了给广大师生提供更加便捷和深入的考察条件，应适当延长开放时间、配置专业导游解说，并设立学生咨询窗口，以便学生能够更加全面和深入地了解和考察烟台地区的乡土史料资源。

家长的认知和支持对于教育改革的顺利进行至关重要，特别是在当前素质教育和新课改的大背景下，强调“以人为本”的教育理念，教师更需要争取家长的理解与支持。要通过各种渠道和方式推动家长对“以人为本”教育理念的认同，向家长普及这一理念，让他们明白教育的真正目的是什么。要宣传和推广乡土史料的重要性和应用价值，转变家长和学生单纯关注学生成绩的陈旧观念。教师可以通过组织家长和学生参与乡土史料的收集、整理和展示活动，让他们亲身感受乡土史料的魅力，为乡土史料教学提供支持。

第三节　乡土史料教学的实践反思

乡土史料是初中历史教学工作中重要的教育教学资源，随着时代的进步和社会的发展，新的教育理念、科技手段和社会需求正在逐步融入现代教育体系，这也为乡土史料注入了新的生命力。历史教师要将乡土教学资源作为重要的依托，在实际教育教学中结合课程内容和学生特点，设计丰富多彩的乡土史料实践教学活动。同时，要不断探索和创新乡土教育教学模式。可以借鉴国内外先进的乡土教育理念和方法，结合本地实际情况，开发出具有特色的乡土史料教育课程和实践教学活动，让学生在探究家乡历史文化、自然环境等问题的过程中，锻炼自己的研究能力、培养创新精神。

一、完善历史教学评价体系

历史教学评价作为历史教学过程中的重要环节，旨在全面把握学生的学习过程与成果，从而激发学生的学习动力，推动其学业进步与全面发展。历史作为一门人文学科，不仅承载着传承文明、弘扬文化的重要使命，更是培养学生综合素质的重要途径。因此，完善历史教学评价机制，对于提升教师的教学质量与效率，促进学生的全面发展具有重要意义。然而，现行的历史教学评价机制在实践中仍存在一些问题：首先，进行历史教学评价的主体多为历史教师，导致评价视角单一，难以全面反映学生的学习状况。其次，评价内容主要聚焦于学生对历史知识的记忆与理解，过于注重结果，而忽视了学生在学习过程中的表现与发展。随着在历史教学中引入和应用乡土史料资源，历史教学评价迎来了新的发展机遇。为了更好地适应乡土史料教学需求，必须对从前的历史教学评价体系进行完善，使它符合乡土史料教学的需要。

在初中历史课程的学习中，构建一个多元的历史教学评价体系尤为重要。这是因为学生之间存在各种方面的差异，这些多元的因素使得每个学生在学习历史时的感悟和理解都不同，依赖于单一的评价标准很难全面而准确地评估出每个学生的真实学业表现。多元的评价体系可以帮助教师更准确地了解学生的学习状况，为学生提供个性化的指导和帮助。多元的评价体系以学生为中心，注重学生的个体差异和全面发展，有利于培养学生的批判性思考能力和创新精神。

在对乡土史料资源的利用情况进行评价时，要全面考虑多个方面的因素。除了关注学生知识的积累，教师还需重视其认知能力的提升。同时，教师也要关注对学生情感、态度和价值观的培养。

充分利用和发掘当地乡土史料资源对于历史教学改革具有重要意义，其需要学校、社会和家庭等多方力量的共同努力与协同合作。作为教学的重要环节，历史教学评价也需要各方参与。作为教育工作的核心力量，教师不仅具备丰富的教育经验，还对学生的学习情况有着深入的了解。学生是教育活动的主体，他们的自我评价不仅是对自己学习成果的反思和总结，更是培养自主意识、提升自我认知的重要途径。学校作为教育活动的组织者和管理者，可以通过制订科学的历史教学评价标准和程序，对学生的学习成果进行全面、客观的评价。同时，家长作为学生成长的重要陪伴者，他们的评价可以更加全面地反映学生的家庭表现和社会适应能力。而社会的评价则可以帮助学生更好地了解社会对人才的需求和期望，为他们未来的职业规划和人生发展提供参考。

在评价初中历史教学对乡土史料资源开发与利用的效果时，不能简单地依赖单一的评价策略，而需要构建一个多元、多维度的历史教学评价体系。教师的观察是评价乡土史料资源开发与利用效果的基础，教师需要关注学生在使用乡土史料资源时的反应、互动和表现，以了解他们对乡土历史文化的认知程度、对历史知识的理解深度以及他们解决问题的能力。学生需要对自己的学习过程进行反思，总结自身在利用乡土史料资源学习历史过程中的收获和不足，从而调整自己的学习策略和方法。这种自我审视可以帮助学生培养自主学习和终身学习的能力。学生之间也可以通过互相交流、讨论和评价，共享彼此在利用乡土史料资源学习历史过程中的经验和教训，相互激励。

二、建立和完善乡土史料资源库

在对乡土史料资源的开发利用中，构建一个全面且具备时效性的乡土史料资源库至关重要。这一乡土史料资源库不仅能为教育者提供丰富的教学素材，更能助力乡土文化的传承与发展。档案机构要对历史教师进行动员，使历史教师积极参与到乡土资源库的构建工作中来。历史教师作为传承乡土历史文化的重要力量，具有丰富的历史知识和教学经验。他们的参与不仅能够为乡土史料信息库提供丰富的资源，还能为乡土史料资源库的建设提供有力的专业支持。

（一）乡土史料资源库建设存在的问题

目前，乡土史料资源库的建设与开发越来越受重视，但是在这个过程中仍旧存在一些问题。

1．缺少统筹规划，档案意识薄弱

乡土史料资源库的建设与开发是一项系统性工程，各级各类档案机构是这项工程的建设主体，其成功与否，取决于是否具备科学、全面的规划。然而，长期以来，部分档案机构在乡土史料资源的开发利用上面临着一些挑战和困难。一方面，一些档案机构，与外界文化机构的合作相对较少，导致乡土史料资源的开发利用缺乏多元化的视角和手段。另一方面，馆际间的协同合作缺乏有效的沟通和合作机制。这些问题无疑在一定程度上影响了乡土史料资源开发利用的效率。

在当前社会背景下，我国部分区域在文化事业发展的战略规划上仍存在一些缺陷。一些基层档案机构尚未深刻认识到乡土史料资源的价值，这种忽视导致部分具有深远意义的乡土资源未得到及时梳理和保护。因为部分档案机构缺乏足够的档案意识和专业管理知识，所以它们尚未系统、科学的开发利用已收集到的乡土史料资源。乡土史料资源没有得到合理的分类和整理，导致一些乡土史料资源被浪费和遗失。

2．资金投入不够

乡土史料资源的独特性使得其研究方法与常规研究存在显著差异，这就要求档案机构在推进乡土史料资源库的建设与开发过程中，必须投入大量的资金作为支持。然而，现实情况是，乡土史料资源的地位尚未被充分肯定，这无疑增加了乡土史料资源库建设获取经费支持的难度。在市场经济环境下，各级各类档案机构尝试从市场上寻求赞助是一种可行的途径。然而，档案机构必须谨慎应对市场赞助，以避免赞助方的短期利益导向影响乡土史料资源库的长期建设与发展。需要档案机构寻找那些真正关注乡土文化、愿意为保护和传承传统文化投入资金的赞助方，而不是仅仅追求短期利益的企业或个人。

3. 相关理论研究比较薄弱

乡土史料资源承载着特定的历史文化信息，只有经过系统的整理与归档，这些宝贵的乡土史料资源才能转化为具有实际价值的史料，为后人提供可以研究、参考和传承的宝贵精神财富。自中华人民共和国成立以来，虽然学术界已经对乡土史料资源进行了大量的访谈和调查工作，但长期以来，我国档案工作的重心更多地放在对文字档案的保存与利用上，这在一定程度上导致了部分档案机构对乡土史料资源建设与开发的忽视。尽管近年来，随着文化多样性和地方特色越来越受到重视，乡土史料资源的价值开始得到更多的关注，但仍然存在一些问题亟待解决。无论是国家层面还是学术界，都尚未对乡土史料资源进行明确的界定。由于缺乏统一的标准和规范，各地档案机构的乡土史料资源的整理和归档工作往往存在一定的差异和混乱。对乡土史料资源的鉴定、归档和利用原则也尚未明确。在实际工作中，由于缺乏具体的操作规范和技术支持，一些档案机构对乡土史料资源的鉴定工作往往依赖于个人的经验和主观判断，导致鉴定结果存在不确定性和不稳定性。同时，在乡土史料资源的归档和利用方面，也缺乏相应的原则和规范，乡土史料资源的利用在一定程度上受到限制，难以充分发挥其价值。

（二）对乡土史料资源库建设与开发的建议

1. 构建乡土史料资源建设与开发的长效机制

为了深入发掘和利用乡土史料资源的丰富价值，必须致力于其建设与开发工作，并构建一套稳固且持久的发展机制。这一机制不仅要立足于当前，更要着眼于长远，确保乡土史料资源的可持续发展。具体来说，有关单位需要从以下三点着手做起：

第一，乡土资源作为我国独特的地域文化载体，不仅承载着深厚的历史底蕴，更是民族认同和文化自信的重要来源。然而，尽管我国地域辽阔，乡土史料资源丰富多样，但对其的研究和利用却相对滞后。这种局面的出现，很大程度上源于社会公众对乡土史料资源价值认识的不足以及部分档案工作者对乡土史料资源潜在价值的忽视。因此，深化社会公众对乡土史料资源价值的认识，成为当前乡土史料资源库建设与开发工作的重要任务之一。因此，地方政府需要发挥引导作用，加强对乡土史料资源保护和开发的宣传教育，提升社会对乡土史料资源建设与开发工作的关注度。

第二，在乡土史料资源库存建设与开发的过程中，构建专项工作团队显得尤为关键。尽管当前社会各界普遍对乡土史料资源的保护提起了重视，但仍缺乏专门的负责机构。各地区各级别的档案部门应起到牵头作用，积极筹建乡土史料资源保护中心。同时，乡土史料资源保护中心还应与各级政府、社区、民间组织等建立紧密的合作关系，形成全社会共同参与的乡土史料资源保护网络。此外，博物馆、图书馆、高校及科研机构等也应成为乡土史料资源保护与开发的重要力量。博物馆和图书馆等文化机构作为重要的文化资源收藏与展示平台，可以为乡土史料资源的保护提供丰富的历史资料和研究成果。

第三，乡土史料资源的理论研究是保护和利用这些史料资源的核心要素，其重要性不容忽视。我国部分档案机构在乡土史料资源的保护与管理上容易忽视理论研究的地位，这种状况影响了乡土史料资源价值的全面发挥及保护与利用的进步。理论研究对乡土史料资源具有引导作用。深入探讨乡土史料资源的本质属性、多元价值以及详尽分类，能够为有关部门制定合理、科学的乡土史料资源保护策略和原则提供坚实基础。通过建立全面、系统的标准和规范，可以优化乡土史料资源的整理、保存及利用流程，提升有关单位的工作效率。为了推动乡土史料资源的理论研究向纵深发展，需要集结专家、学者和多方机构的力量。一方面，要加强学术交流，深化研究合作，共同推动理论研究走向深入；另一方面，要加大对乡土史料资源的研究力度，挖掘其深层价值，为乡土史料资源保护和利用工作提供坚实的理论支撑。

2. 重视乡土史料资源研究队伍培养和编研成果

提升研究团队的整体素质、构建高素质的乡土史料资源研究人才队伍，对推动乡土史料资源研究具有重要意义。尽管我国在乡土史料资源研究方面起步较晚，但由于学术界的持续关注和推动，这方面的研究力量正在逐步增强，研究领域也在不断扩大。为了增强乡土史料资源研究队伍的专业素养，应加强对研究人员的专业培训，提升他们的研究能力和水平，确保他们能够更好地承担乡土史料资源研究的重任。在加强现有研究人员培训的同时，还应重视后备人才的培养，可以在高校开设乡土史料资源研究相关课程，鼓励学生参与乡土史料资源实地调研和研究项目。为了拓宽研究视野、丰富研究内容，乡土史料资源研究人才应加强与档案学、民族学、人类学等相关学科人才的交流与合作。通过跨学科合作，可以借鉴其他学科的研究方法和理论，为乡土史料资源研究提供更多元化的视角和思路。同时，这种交流与合作也有助于培养更多具备跨学科知识背景的优秀人才，为乡土史料资源研究的长远发展打下坚实基础。

当前乡土史料资源编研工作中仍存在许多不容忽视的问题，例如，编研成果形式过于刻板、编研成果质量仍需提升等。为了提升乡土史料资源的社会影响力，巩固其在档案学、历史学研究领域中的重要地位，必须严肃对待乡土史料资源编研质量问题，并寻求创新与突破。乡土史料资源编研工作应摆脱传统的束缚，突破刻板的编研形式，要引入新的编研理念和方法，使编研成果更加生动有趣，更能够吸引公众的关注。此外，丰富编研成果的多样性是提升乡土史料资源社会影响力的关键。除了传统的文字形式外，还可以结合图片、音频、视频等多种媒介形式，全面展示乡土史料资源的丰富内涵和独特魅力，还可以邀请当地文化名人、历史学家等参与编研工作，为乡土史料资源注入更多的人文关怀和学术价值。在推进乡土史料资源建设的过程中，还应深入探索并展示社会大众的文化意识。乡土史料资源不仅是历史的见证，更是当地居民的文化记忆和情感寄托。因此，需要通过编研工作，将乡土史料资源的文化内涵和社会价值传递给公众，增强他们对乡土文化的认同感和自豪感。

三、教师之间加强交流与合作

乡土史料资源的丰富性和多样性为历史教师提供了宝贵的教学素材，为学史者揭示了不同历史时期的社会风貌和文化内涵。然而，这些资源的开发和利用却面临着一定的挑战。一方面，乡土史料资源的开发和利用需要投入大量的时间和精力。由于历史教师通常面临着繁重的教学任务和学术研究压力，很难有足够的时间和精力去深入挖掘这些资源。乡土史料资源的分布广泛且分散，收集和整理这些资源也是一项艰巨的任务。另一方面，对乡土资料资源的利用需要具备一定的专业素养和技能，历史教师需要具备扎实的历史学功底和敏锐的洞察力，才能从大量的乡土史料资源中筛选出有价值的信息，并将其融入教学中。历史教师群体需要共同努力，全面、深入地开发和利用乡土史料资源。

随着教育改革的不断深化，课程资源观念在历史教学中的重要性日益凸显。对于历史教师而言，树立正确且富有创新性的课程资源观念，不仅是适应教育改革的需要，更是提升教学质量、增强学生兴趣的必由之路。历史教师不应再将历史教科书视为唯一的教学资源，随着教育理念的不断更新，历史教师应当认识到，历史教科书只是教学资源的一部分。历史是一门涉及面广、内容丰富的学科，仅仅依靠历史教科书，很难满足学生的求知欲和好奇心。因此，历史教师需要跳出历史教科书的束缚，积极寻找和整合各种富有教育价值的乡土史料资源。历史教师可以主动探索当地的历史名人、博物馆、历史遗址等乡土史料资源。这些资源具有浓厚的文化底蕴，能够帮助学生更深入地了解当地的历史文化。

在历史教学领域，教师的专业素养直接关系到学生的学习效果和历史认知的深度。历史教师必须摒弃过去陈旧的教学观念，积极学习现代教学理念。为了提升专业素养，历史教师应主动参加各级组织举办的教育培训，通过参加培训，历史教师可以及时了解教育领域的新动态，拓宽教学视野，更新自己的知识库。同时，培训活动还提供了与其他教师交流学习的平台，让教师在互动中共同进步。除了参加教育培训，学校和各级组织的听课与评课活动也是历史教师提升教学水平的重要途径。通过观摩他人的课堂，教师可以了解不同的教学方法和技巧，从而取长补短，优化自己的教学策略。在历史教学评价环节，教师可以针对乡土史料教学效果进行深入探讨，分享彼此的看法和建议，这种互动式的交流有助于激发教师的创新思维，提高教学效果。

四、学校加强与家庭和社区的互动教学

学校在课程规划上应当深入挖掘并充分利用乡土史料资源，以提升学生的综合素养。设置乡土历史教学内容是乡土史料资源融入课程的关键一环。通过挖掘地方历史，学校可以开设特色课程，让学生在亲身感受中了解乡土文化的深厚底蕴。这样，学生不仅能够更好地理解历史知识，还能从中感受到家乡的魅力，增强对乡土文化的认同感和归属感。学校应积极开展以乡土史料资源开发与利用为核心的校本课程，有助于培养学生的实践能力和创新精神。校本课程的设计应当注重学生的参与和体验，让学生在实践中感受乡土史料资源的独特魅力。此外，对乡土史料资源的发掘与利用还能有效促进地方经济的发展。学校可以通过与当地企业、社区合作，共同开发乡土史料资源，将教育资源转化为经济资源。这样既能为学生提供更多的实践机会，又能为地方经济的发展注入新的活力。家庭也是学生重要的学习场所，家长也应认识到乡土史料资源的重要性。家长可以通过与孩子的日常交流，引导孩子关注家乡的历史文化，讲述家族故事，让孩子在潜移默化中接受乡土历史教育。这样，孩子在课堂上学习历史知识时，就能更好地

将理论与实际相结合，形成完整的历史观念。家长与历史教师之间应建立有效的沟通机制。双方可以定期举行家长会、教学研讨会等活动，就学生的学习进行深入交流。这样，历史教师能更准确地把握学生的需求和特点，针对性地设计教学方案，使教学更加贴近学生的生活实际。同时，家长也能了解教师的教学方法，配合教师的工作，共同促进学生的学习进步。

社区是人们生活的场所，其中也蕴含着丰富的乡土史料资源，这些资源与人们的日常生活息息相关，对学生而言，社区内的乡土史料资源更容易接触到，也更容易被学生理解。在探究社区历史的过程中，学生需要主动地去寻找乡土史料、整理信息、分析问题，通过与社区成员的交流互动，学生还能够更加深入地了解社区的文化、风俗和人情，从而增强学生对社区的认同感和归属感。

五、调动学生积极性

在深入挖掘和开发利用乡土史料资源的过程中，历史教师必须将实践教学活动与课堂学习相结合，才能帮助学生实现全面成长和发展。乡土史料资源作为一种独特的教育资源，其蕴含的教育价值远超过传统的教材和书籍，因此，历史教师需要以学生的需求为导向，以学生为中心，充分发挥他们的主体作用，并鼓励他们自主选择乡土史料资源。为了确保乡土史料资源能够得到充分利用，历史教师需要对其进行优化整合，通过参与乡土史料资源相关的实践教学活动，学生可以深入了解家乡的历史文化、地理环境和社会经济状况，从而增强对家乡的认知和热爱。这种爱国爱乡的情感不仅有助于培养学生的优秀品质，还能增强他们的学习热情和探索精神，同时可以使学生全方位和谐发展。让学生熟悉故乡，热爱乡土文化，让乡土文化成为其达成人生理想的坚实基础，将使学生受益终生。

在历史教学中，乡土史料资源以其贴近学生生活的特点，发挥着不可替代的作用。乡土史料资源与学生的生活息息相关，能够引起学生的共鸣，使他们更容易理解历史知识。乡土史料资源还具有直观、生动的特点，能够帮助学生更深入地了解历史事件。在将乡土史料资源融入历史教学的过程中，教师需要发挥其引导作用。教师需要精心选择适合学生的乡土史料资源，确保这些史料能够引起学生的兴趣，又能有效地传达历史知识。教师可以组织学生参观当地的文物古迹和博物馆，通过实地参观，学生可以更直观地了解历史事件的发生地、相关人物以及背后的故事。同时，参观活动还能帮助学生建立起对乡土历史的感性认识，使他们更加珍惜和尊重历史。此外，对于近现代史的教学，在有条件的情况下，教师还可以组织学生采访历史亲历者。通过与亲历者面对面交流，学生可以听到他们讲述过去的故事，了解历史的真实面貌，这种教学方法不仅具有启发性，还能增强学生的学习兴趣。

在追求教学质量与学生全面发展的过程中，教师要深知学生参与的重要性。为了积极促进学生参与开发和利用将乡土史料资源融入历史教学的工作，教师必须致力于教学形式的创新。首先，可以设计一系列以乡土史料资源为主题的实践教学活动。这些活动旨在引导学生走出课堂，走进社区，亲身感受当地的历史文化，通过多种方式收集与课程主题紧密相关乡土史料。在课堂上，可以组织学生展示与交流他们收集的乡土史料。学生可以通过 PPT 演示、口述报告、海报展示等形式，将他们在调查与研究过程中获得的乡土史料与感悟分享给同学和教师。此外，教师还可以采用讲座、论文撰写、报告制作或历史知识竞赛等形式，为学生提供多样化的学习体验。通过这些活动，学生可以更深入地了解历史事件、人物与文化，养成批判性思维，锻炼独立思考的能力。同时，这些活动也能让学生在轻松、愉快的环境中学习历史，减轻学习压力，提高学习效率。

第七章　史料在初中历史教学中的实践创新

本章为史料在初中历史教学中的实践创新，共两节，分别是富有教学价值的史料选择；引入时事新闻的教学内容。历史教学内容的创新是历史教学的基础，教师要与时俱进，引入一些新颖的史料内容来开展历史教学。

第一节　富有教学价值的史料选择

一、所选史料要有真实性与准确性

历史教学的第一要义就是求真求实，所以，历史教师在实际教学中选取史料一定要保证其真实性与准确性，否则就会得出错误的结论，误导学生。

在史料教学过程中，历史教师所选史料要保证真实准确，可以适当地使用完整的、未经节选或改编的原始史料，让学生体会原汁原味的历史。历史教师在实际教学中运用这些原始史料讲解分析相关的历史事件和历史现象，可以使学生更全面、客观、真实地了解历史的本来面目。

二、所选史料要有针对性和典型性

中国古代历史悠久，留下来的史料浩如烟海，到了近代，出版业发达，史料更是数不胜数；信息化社会的到来又进一步丰富了历史学研究资源。历史教师在选取史料的时候不能“胡子眉毛一把抓”，而是要根据教学目标的需要，根据教学内容和重难点分析，选择有针对性的典型性的史料，如教材旁设部分的“材料研读、相关史事、图片史料等是非常有针对性、典型性的史料，历史教师在授课过程中可以选择使用，以更好地达成教学目标。

案例：人教版历史教科书《中国历史》（第三册）的《洋务运动》（片段）

历史教师根据对课程标准的分析，进而确定本课的重点和难点即理解洋务运动的积极作用和局限性。为了让学生理解洋务运动，历史教师可以选出几条具有针对性、典型性的史料：

材料一：

1873 年，轮船招商局正式获准设立，朱其昂任总办，官督商办，经营浙江漕粮运输及各种客货生意，既办公又办私，既运货又载人。

——赵凡禹、孙良珠《李鸿章全传》

材料二：

李鸿章晚年这样评价自己的洋务事业：“我办了一辈子的事，练兵也，海军也，都是纸糊的老虎，何尝能实在放手办理？不过勉强涂饰，虚有其表……”

——吴永《庚子西狩丛谈》

教师分析：在洋务运动中，洋务派通过创办洋务派企业赢得了很大的利润，这使得官员、商人开始自己投资近代工业，在客观上促进了中国民族资本主义的产生，从而使古老的中国开始顺应世界潮流，在近代化的道路上迈出了第一步。这就是洋务运动对中国近代化的积极作用。同时，结合李鸿章晚年对于洋务运动的评价，可以看到近代中国落后的根源在于社会政治制度的腐朽，只学习西方先进技术而不改变落后腐朽的政治制度，不能使中国摆脱列强的压迫，自立于世界民族之林。

三、所选史料要有多样性

在实际的教学过程中，为了更好地达成教学目标，培养学生的历史核心素养，历史教师要选择具有多样性的史料支撑观点，而这里的“多样性”有两重含义：史料种类的多样性和史料角度的多样性。

选择多种类的史料，有利于培养学生“史由证来，论从史出，史论结合”的历史思维，可以帮助学生了解更加真实的历史，形成正确的历史观。

第二节　引入时事新闻的教学内容

传统的初中历史教学中，历史教师占据着课堂的主导地位，学生只是被动地学习知识，课程中所运用的史料也只是围绕历史教科书展开，未能实现对知识的全面拓展。但在全新的教育改革之下，初中历史教学也实现了新的突破，多媒体的运用使得历史的呈现更加直观，多学科的融合使得教学过程充满趣味性，而时事新闻的引入，更使得初中历史的史料教学课堂变得更加活跃多彩也更贴近生活。

一、梳理历史教学主题

时事新闻更加贴近生活，并具有一定的代表性，许多历史主题都与当今的时事新闻有着一定的共同点，所以在初中历史教学的过程中，教师可以恰当引入时事新闻。历史教师可以通过对视频和文字新闻的细节分析来引导学生进行多角度地思考，让学生进行总结，并适当结合历史对时事新闻进行拓展。历史教师对学生的总结拓展逐一点评后，再引导学生深入挖掘，从而帮助学生实现对历史教学主题的梳理。

二、丰富历史教学内涵

在初中教育中，有效的历史教学不仅关乎学生的知识积累，更关乎其正确人生观、价值观的培养。因此，初中历史教学的核心任务在于教师应如何恪守教育规律精心策划并实施课程目标，以此促进学生的全方位发展与进步。教师应遵循教育规律，确保教学的科学性和系统性。教育规律是教育工作者在长期教育实践中总结出来的规律性认识，其揭示了教育发展的内在逻辑和必然趋势。初中历史教学应遵循学生的认知发展规律，结合历史学科的特点，丰富历史教学内涵，科学设计教学内容和方法，确保学生能够循序渐进地掌握历史知识。教师在设计课程时，应全面考虑学生的实际情况和需求，制订切实可行的课程目标，并通过多种教学手段和方法，引导学生主动探究、积极思考，实现课程目标的最大化。同时，教师还应注重培养学生的生活智慧，推动学生全面发展。历史是一门充满智慧和启示的学科，通过学习历史，学生可以更好地理解人类社会的发展历程，认识历史的规律和趋势，培养自己的洞察力和判断力。

中学生已经建起比较成熟的思维方式，使他们形成正确的历史观、培养他们丰富的历史内涵是历史教学的主要出发点。时事新闻多与国家政治以及重大事件有密切关系，历史教师在进行史料教学的时候，如果能恰到好处地嵌入相关的时事新闻，结合各学科特色进行科学渗透，就可以有效引导学生把古今中外的知识融合起来进行分析思考，实现思维拓展，并以更广的角度去丰富历史教学内涵。

三、加强核心价值教育

历史教学最重要的目的就是清晰地还原历史，让学生触摸真实的历史，从中获取核心价值。将时事新闻融入历史课程中的家国情怀教育，容易引起学生的共鸣，有利于在初中历史教学中加强核心价值的教育。

说到家国情怀，战争的影响与教训是家国情怀无法忽略的一部分。第一次世界大战，参战各国共死伤3000多万人，被战争、饥饿、疾病夺去生命的人超过1000万，这是人类历史上的大浩劫，也是第二次世界大战爆发的祸根。但学生在审视这段历史时只能以旁观者的角度看待，很难有切身地体会。而以下这则新闻，则勾起了学生深入了解第一次世界大战、了解战争的影响与教训的兴趣：自第一次世界大战战败后，德国历时90余年，直到2010年10月3日才还清最后一笔赔款。

历史教师可以继续延展这则新闻背后的故事，这样的赔款条例给德国人民带来了巨大伤害，使德国人民心中埋下了民族复仇的种子，德国人民最终被希特勒利用，又促成了第二次世界大战，而第二次世界大战的伤害更是巨大。所以，将这样一则新闻引入历史教学，能引起学生对家国情怀的思考：在没有战争的时代生活是幸福的，为将这种幸福延续下去，应该避免战争，维护世界和平。除此之外，学生也能够学会客观全面地看待历史，深刻体会到了祖国强大的重要性，这也有利于让学生形成正确的历史人生观与价值观。在初中历史课堂教学中，融入家国情怀可以拉近学生与教学内容之间的距离，又可以让学生感受到历史的熏陶，并理解到战火纷飞年代革命先烈为国家、为理想勇于献身的顽强精神，从而在主观上意识到学习历史知识点的重要性。让学生了解历史，铭记历史，吸取历史经验教训，了解中国社会发展的曲折历程，有利于让学生形成爱国意识，从而在一定程度上让学生养成正确思想观念。家国情怀是我国传统文化重要组成部分，也是维持我国长久稳定发展的重要纽带之一。帮助初中生解读历史、学好历史，让初中生从初中历史中感受、学习家国情怀，能够让新一代更好地继承和发展家国情怀，培养他们的爱国主义精神。

当前，初中历史的教学目标不再只是让学生掌握史料以及历史事件的意义影响，而是对学生多方面能力以及综合素质的培养，但传统的历史教学方式存在局限，无法达到这样的要求。历史教师根据教学内容采取有效途径适当地引入时事新闻，能够渲染课堂气氛，实现对学生历史学科核心素养的培养，帮助学生建立正确的价值观念，这样的教学策略值得推广。

参考文献

[1] 黎俊祥．近代史料笔记研究 [M]. 芜湖：安徽师范大学出版社，2022.

[2] 陈思和，王德威．史料与阐释：邵洵美·黄逸梵·郁达夫 [M]. 上海：复旦大学出版社，2022.

[3] 王双龙．中国当代文学史料：第 1 卷 [M]. 长春：吉林人民出版社，2022.

[4] 王学典．史料史观与史学 [M]. 济南：山东大学出版社，2023.

[5] 何忠礼．中国古代史史料学（增订本）[M]. 上海：上海古籍出版社，2023.

[6] 陈泽群，朱命有．跨领域初中历史教学 [M]. 长春：东北师范大学出版社，2022.

[7] 凤光宇，徐洁．学生发展核心素养视野下初中历史教学实践研究 [M]. 上海：上海教育出版社，2020.

[8] 方勇．核心素养视阈下的中学历史教学设计 [M]. 上海：上海大学出版社，2019.

[9] 金玲瑛．初中历史教学对学生历史核心素养的培养 [J]. 教育艺术，2024（3）：21.

[10] 高袁茜．基于核心素养的初中历史教学改革实践 [J]. 读写算，2024（6）：143–145.

[11] 卢香丽．核心素养背景下初中历史史料教学创新研究 [J]. 中学课程辅导，2024（6）：75–77.

[12] 张冬梅．初中历史教学中学生史料实证素养的培养策略研究 [J]. 教育界，2024（4）：38–40.

[13] 姜胜岑．基于史料实证培养的初中历史课堂教学探究 [J]. 新课程研究，2024（3）：105–107.

[14] 于保秀．初中历史教学中史料实证素养培养策略探究 [J]. 基础教育论坛，2023（22）：98–100.

[15] 甘淑怀．核心素养视角下的初中历史史料教学方式探究 [J]. 中学政史地（教

学指导)，2023（11）：29−32.
[16] 杨红梅 . 初中历史教学中史料实证的教学理解 [J]. 中学政史地（教学指导)，2023（11）：33−34.
[17] 朱荧 . 初中历史课堂教学中选择有效史料的原则 [J]. 中学政史地（教学指导)，2023（11）：64−65.
[18] 张赫 . 初中历史教学中史料实证素养的培养策略 [J]. 教育界，2023（29）：32−34.
[19] 王璐 . 初中历史教学史料实证素养的培养研究 [D]. 聊城：聊城大学，2023.
[20] 孙煜 . 史料实证视域下初中历史实物史料的教学研究 [D]. 南宁：南宁师范大学，2023.
[21] 李亚斌 . 初中生史料实证素养的培育研究 [D]. 杭州：杭州师范大学，2022.
[22] 曾陈曦 . 基于史料实证的初高中历史教学衔接研究 [D]. 漳州：闽南师范大学，2023.
[23] 田园 . 核心素养视野下多学科融合的初中历史教学研究 [D]. 昆明：云南师范大学，2022.
[24] 赵雅婷 . 核心素养视域下初中历史填充图册在历史教学中的运用研究 [D]. 昆明：云南师范大学，2022.
[25] 方璐 . 基于历史学科核心素养的初中历史教材插图应用研究 [D]. 武汉：华中师范大学，2021.
[26] 班淑瑶 . 基于核心素养的初高中历史教学衔接策略研究 [D]. 重庆：西南大学，2020.
[27] 谢琴媛 . 初中历史课堂中“史料实证”素养培养研究 [D]. 重庆：西南大学，2020.
[28] 谢雨君 . 基于史料实证素养的初中历史探究学习有效实施的研究 [D]. 桂林：广西师范大学，2019.